A TRISTEZA É A SAÍDA DA DEPRESSÃO

Editora Appris Ltda.
1.ª Edição - Copyright© 2024 do autor
Direitos de Edição Reservados à Editora Appris Ltda.

Nenhuma parte desta obra poderá ser utilizada indevidamente, sem estar de acordo com a Lei n°
9.610/98. Se incorreções forem encontradas, serão de exclusiva responsabilidade de seus organi-
zadores. Foi realizado o Depósito Legal na Fundação Biblioteca Nacional, de acordo com as Leis n°s
10.994, de 14/12/2004, e 12.192, de 14/01/2010.

Catalogação na Fonte
Elaborado por: Dayanne Leal Souza
Bibliotecária CRB 9/2162

D467t
2024
	De Sordi, Gregório
	   A tristeza é a saída da depressão / Gregório De Sordi. – 1. ed. –
	Curitiba: Appris, 2024.
	   125 p. : il. color. ; 21 cm.
	
	   Inclui referências.
	   ISBN 978-65-250-6900-5
	
	   1. Depressão. 2. Tristeza. 3. Vazio. 4. Saúde mental. 5. Psicanálise.
	I. De Sordi, Gregório. II. Título.
	
	                                                                CDD – 616.8527

Livro de acordo com a normalização técnica da ABNT

Appris
editora

Editora e Livraria Appris Ltda.
Av. Manoel Ribas, 2265 – Mercês
Curitiba/PR – CEP: 80810-002
Tel. (41) 3156 - 4731
www.editoraappris.com.br

Printed in Brazil
Impresso no Brasil

Gregório De Sordi

A TRISTEZA É A SAÍDA DA DEPRESSÃO

Appris editora

Curitiba, PR
2024

FICHA TÉCNICA

EDITORIAL
Augusto Coelho
Sara C. de Andrade Coelho

COMITÊ EDITORIAL
Ana El Achkar (Universo/RJ)
Andréa Barbosa Gouveia (UFPR)
Antonio Evangelista de Souza Netto (PUC-SP)
Belinda Cunha (UFPB)
Délton Winter de Carvalho (FMP)
Edson da Silva (UFVJM)
Eliete Correia dos Santos (UEPB)
Erineu Foerste (Ufes)
Fabiano Santos (UERJ-IESP)
Francinete Fernandes de Sousa (UEPB)
Francisco Carlos Duarte (PUCPR)
Francisco de Assis (Fiam-Faam-S-P-Brasil)
Gláucia Figueiredo (UNIPAMPA/UDELAR)
Jacques de Lima Ferreira (UNOESC)
Jean Carlos Gonçalves (UFPR)
José Wálter Nunes (UnB)
Junia de Vilhena (PUC-RIO)
Lucas Mesquita (UNILA)
Márcia Gonçalves (Unitau)
Maria Aparecida Barbosa (USP)
Maria Margarida de Andrade (Umack)
Marilda A. Behrens (PUCPR)
Marília Andrade Torales Campos (UFPR)
Marli Caetano
Patrícia L. Torres (PUCPR)
Paula Costa Mosca Macedo (UNIFESP)
Ramon Blanco (UNILA)
Roberta Ecleide Kelly (NEPE)
Roque Ismael da Costa Güllich (UFFS)
Sergio Gomes (UFRJ)
Tiago Gagliano Pinto Alberto (PUCPR)
Toni Reis (UP)
Valdomiro de Oliveira (UFPR)

SUPERVISORA EDITORIAL
Renata C. Lopes

PRODUÇÃO EDITORIAL
Adrielli de Almeida

REVISÃO
Bruna Fernanda Martins

DIAGRAMAÇÃO
Andrezza Libel

CAPA
Carlos Pereira

REVISÃO DE PROVA
Daniela Nazario

Aos que ficaram e aos que se foram, no vai e vem da vida.

.

PREFÁCIO

O livro de Gregório De Sordi, com o sugestivo título *A tristeza é a saída da depressão*, aborda de modo corajoso e oportuno o tema da depressão, que se constitui proeminente questão do sofrimento psíquico contemporâneo. O autor propõe-se fazer, o que consegue sobejamente, uma apresentação acessível da depressão, visando não somente o público especializado, mas buscando a compreensão de todo leitor. Realiza, assim, uma abordagem ousada desse sofrimento colocado em pauta com muita frequência. Já se afirmou que a depressão em fins do século passado e início do atual, teria substituído em volume e significação a histeria de fins do séc. XIX a início do séc. XX.

A expansão dos estados depressivos não foi fortuita nem resultado do desenvolvimento supostamente natural da humanidade. Pode-se naturalizar as condições sociais, culturais e econômicas atuais como inevitável destino da humanidade. Mas isso é desconhecer a história. As exigências impostas aos sujeitos pela ideologia neoliberal foram construídas por decisões humanas, e, nela, se coloca todo o peso do sucesso, do bem-estar, da realização dos ideais e da vida, sobre cada um individualmente. Tais imposições pressionam por autonomia e autoconfiança que não se realizam, deixando a céu aberto frustrações e fracassos pessoais dos quais os sujeitos se acham inteiramente e individualmente responsáveis. Eis, muito superficialmente as condições atuais que seriam a base para as autorrecriminações, os desânimos e as imobilidades impostas aos sujeitos que não conseguem alcançar o desempenho que deles se espera: solo fértil para a depressão.

O objetivo principal de Gregório é explorar de modo singelo, sem ser simplista, as características clínicas da depressão, como ela se manifesta, seus principais predicados, recheando o texto de exemplos que facilitam o entendimento, incluindo pequenas passagens clínicas, e, bastante importante, alerta para os cuidados necessários ao se tomar o depressivo em tratamento (ou mesmo quando se o tem como alguém próximo e se busca inadvertidamente, com todas as boas intenções, sugerir comportamentos que, exatamente, reforçariam seus sintomas). Enfim, o livro que se tem em mãos é rico e abundante na exploração, com linguagem coloquial, dos estados depressivos.

Seu argumento parte da situação fundamental do humano, a de que, desde o nascimento, vivemos perdas inevitáveis: perda do acolhimento uterino, da íntima relação materna e da dependência do outro, perda de coleguinhas, de amigos, de empregos, de pessoas amadas etc. Se para as perdas não for possível o luto, a condição para a depressão fica dada. O luto das perdas, maiores ou menores, apoia-se nas condições do meio no qual se vive. Como salienta o autor, o trauma para se formar necessita de um segundo evento, este vinculado ao modo como a perda do sujeito é acolhida e suportada pelo meio que o rodeia. Não havendo tal situação, o afeto do desamparo se presentifica. Junto com a perda do que é objetivamente identificável, se constitui a perda do qual o deprimido se queixa sem o saber. O que se perdeu, causa da depressão, é um ideal. O ideal, por exemplo, de completude com o ente amado que se foi. Perda de nada, perda do amor que se demanda.

O texto introduz a discussão sobre a diferença entre luto, depressão e melancolia. Além de avançar na ideia de que a depressão se deve ao luto não realizado, sugere hipótese interessante para a melancolia. Esta seria devida a uma perda do que nem sequer teria havido. Um não poder ter sido devido ao mal acolhimento originário do necessitado em seu desamparo. Conceitualmente significa que na melancolia se trataria de uma ferida do narcisismo primário; já a depressão seria da ordem de um narcisismo secundário: uma inconformidade com a perda do amor que se foi com o que objetivamente se perdeu.

As reflexões sobre aspectos socioculturais aparecem nas considerações sobre a influência da realidade sobre o depressivo e se estende mais pormenorizadamente sobre as discussões "gênero e depressão". Dentre outras considerações, aponta certa incongruência entre maior frequência da depressão nas mulheres e maior número de suicídios entre os homens, cuja compreensão se pode estabelecer ao se considerar as diferenças das determinações socioculturais sobre os gêneros. Vale a pena a leitura para acompanhar de perto o que argumenta Gregório, junto com Maisa Guimarães, nesse aspecto.

O texto ainda aborda aspectos do tratamento da depressão, afirmando que ele se apoia no acolhimento do deprimido, fazendo-se o terapeuta e seu enquadre terapêutico vez do ambiente que não soube ou não pode acolher o sujeito em suas vivências de perdas.

O acolhimento e a sustentação do deprimido como condição básica do tratamento lembra-me uma frase de Hélio Pellegrino. Uma homenagem aos 100 anos de nascimento desse engajado psicanalista, trouxe-me sua afirmação de que o encontro com o outro é para "amá-lo na sua total e gratuita inutilidade". Vem ao encontro dessa ideia a proposição de Gregório. Ela significa, pois, o acolhimento radical do deprimido na sua inutilidade mesma. O paciente deprimido, como aliás todo paciente da análise, não precisa ser útil, muito menos para o analista e seu trabalho. Não é para sua glória que o analista trata do deprimido. Aliás, como insiste Gregório, são queixas do deprimido o sentimento de inutilidade de si e de sua vida. O deprimido precisa ser acolhido, pois exatamente sua existência é inútil para alcançar o ideal de plenitude almejado. Tal perda do ideal, que não se sabe qual, só pode ser substituída pela tristeza do limite da existência e do gozo na vida cotidiana.

Trata-se, o livro de Gregório De Sordi, de um bom e instrutivo ensaio sobre a depressão. Desejo uma boa leitura!

Brasília, setembro de 2024.

Luiz Augusto M Celes

SUMÁRIO

SOBRE A TRANSITORIEDADE DAS COISAS 13

O luto e a capacidade de transitar 16

MAS, AFINAL, O QUE É ESSA TAL DE DEPRESSÃO? 25

A paralisação 29

A idealização 35

Ou é tudo, ou é nada 38

A autorrecriminação 39

O Futuro do Passado 40

Melancolia x Depressão 47

Sobre não saber o que acontece 51

Celebrando a Complexidade Emocional 60

FATORES SOCIAIS QUE CONTRIBUEM PARA O PROCESSO DEPRESSIVO 69

Desafios da adaptação social: Liberdade x Segurança 69

A Pressão Social e a Legitimidade da Depressão 77

Gênero e depressão 84

Escrito com Maisa Guimarães

Como lidar com a depressão 96

E COMO EU POSSO AJUDAR UMA PESSOA EM DEPRESSÃO? 99

Sobre pensamentos suicidas 100

Sobre o tratamento 102

A procura de ajuda 103

Criação de um vínculo de confiança 106

Antônia: a perda do que nunca se teve 110

REFERÊNCIAS 121

SOBRE A TRANSITORIEDADE DAS COISAS

Vamos começar com o título deste livro: *A saída da depressão é a tristeza*. O que você pensou quando leu essa frase? À primeira vista, ela pode parecer confusa. Afinal, como pode a tristeza ser a solução para a depressão, um estado que já é marcado por sentimentos de tristeza? Vem comigo que até o final vai ficar bem claro.

Nossa jornada se inicia voltando em 1915. Nesse ano, Freud publicou um pequeno texto de três páginas chamado *Sobre a transitoriedade (1915/2006)*. Ele foi escrito meses depois do famoso texto *Luto e Melancolia* (1917/2006), mas publicado dois anos antes. Eu diria que é um dos textos mais importantes para se pensar sobre a depressão e a tristeza. O texto conta uma história vivida por Freud. Ele estava fazendo uma caminhada com dois amigos através de campos floridos. Por mais belo que fosse o lugar, Freud observou que ele não os encantava. Freud sentiu que seus amigos estavam completamente indiferentes àquela beleza que se apresentava para eles. Freud ficou muito intrigado com isso, porque ele estava realmente bem mobilizado pelo que aquele lugar estava provocando nele. Ele não estava entendendo muito bem: "como assim vocês não conseguem apreciar isso?". Em resposta, seus amigos disseram que essa beleza é muito passageira. Ela é muito mortal, ela não perdura. A mortalidade da beleza, o fato de que tudo ali era transitório, os incomodava.

Aí Freud pensou que seus amigos estavam antecipando a morte dessa beleza que estava ali na frente deles, fazendo um recuo para não lidar com a morte dessa beleza. Freud (1917/2006), então, descreve dois mecanismos observados frente a essa noção de decadência da beleza. O primeiro seria o desânimo, a indiferença, o distanciamento para não ter que lidar com sua falta. E o outro seria a rebelião:

> Não! É impossível que toda essa beleza da Natureza e da Arte, do mundo de nossas sensações e do mundo externo, realmente venha a se desfazer

> em nada. Seria por demais insensato, por demais
> pretensioso acreditar nisso. De uma maneira ou
> de outra essa beleza deve ser capaz de persistir
> e de escapar a todos os poderes de destruição.
> Mas essa exigência de imortalidade, por ser tão
> obviamente um produto dos nossos desejos, não
> pode reivindicar seu direito à realidade; o que é
> penoso pode, não obstante, ser verdadeiro (Freud,
> 1917/2006, p. 317).

Ou seja, para não lidar com a morte imaginada do que estava na frente deles, eles se distanciaram. Freud respondeu aos amigos que a beleza da vida está justamente em seu fator transitório. Por não poder ser eterno, é elevado o valor da beleza que se apresenta àquele momento. E ainda, quando se aceita a transitoriedade das coisas, a beleza se eterniza. A beleza das flores da primavera, por exemplo, cada vez que é destruída pelo inverno, retorna no ano seguinte. E o inverno que a substitui carrega também a sua beleza.

Porém, só há retorno se a beleza do ano anterior pode ser aceita, porque o que volta não é o mesmo do anterior. Só há a renovação se há a elaboração da perda. Caso contrário, quando a primavera retornar, ela terá a qualidade negativa de não ser o que já foi um dia. O substituto terá essa qualidade de não ser o original. Não é que ela não será nada aos olhos de seu observador, mas será o que não é a primavera anterior. Será a sombra do que era o original, e aí o que era para ser mortal e transitório acaba se tornando idealizando e eternizando. De certa forma, o vínculo com o original segue preservado na sua condição de não ser encontrado na realidade externa. E, assim, o que não se encontra ali é mais real do que tudo que existe ao redor da pessoa (Green, 1988).

Tenho um exemplo muito bom para demonstrar esse mecanismo. Trata-se de um vídeo do Porta dos Fundos chamado "Carla". Pare a leitura agora, veja o vídeo e volte aqui. Vai lá, eu espero...

O vídeo mostra um casamento no qual o ator, que é o Gregório Duvivier, meu xará, estava ali encenando um homem se casando com Ana Beatriz. Na hora de fazer os votos, ele só fala da Carla, que é a sua ex-namorada. Ele relata que viveu uma experiência marcante com a Carla: "eu nunca pensei que fosse achar a mulher da minha vida depois da Carla". Em seguida, ele fala que a Ana Beatriz é a Carla que deu, é a Carla que foi possível, que quer viver com ela o que não viveu com a Carla e também reviver o que viveu com a Carla. A questão do vídeo é a seguinte: não existe Ana Beatriz! Ela é a sombra[1] da Carla. Veja, ele não está relacionado com a Ana Beatriz de forma alguma. Por mais que a Ana Beatriz seja a pessoa que está na frente dele, o vínculo dele é com a Carla. O que está ausente é mais real do que o que está ali presente. E a Ana Beatriz é a forma de ligação que ele tem com a Carla. De que forma? Sendo o que a Carla não é. Esse é o sentido. Carla está preservada e acessível por meio da Ana Beatriz. Portanto, Ana Beatriz não possui qualidades próprias para seu parceiro. Ela é a Não-Carla. Perceba: "Quero te levar para conhecer o mundo, passar por todos os lugares onde eu e a Carla viajamos, só que dessa vez com você, meu amor: a minha **Não-Carla**"

Figura 1: QR Code com link para vídeo "Carla" de Porta dos Fundos. (2015). YouTube.

A "beleza" nova só pode existir quando a do passado pôde ser desvinculada de alguma forma. Não se trata de ser esquecida, não é simplesmente esquecer o que aconteceu, não é isso! É desvincular. Para que Ana Beatriz seja alguma coisa, a Carla tem que deixar de ser alguma coisa, senão ela vai ser sempre uma sombra da Carla:

---

[1] No emblemático texto de 1917, *Luto e Melancolia,* Freud utiliza o termo sombra para promover um dos aforismos da teoria freudiana: "a sombra do objeto caiu sobre o ego (Eu)" (Freud, 1917/2006, p. 254).

"De todas as Carlas que me quiseram, você era a mais Carla. Eu te amo Ca..., Ana Beatriz". Esse processo de desvinculação possui um nome e esse nome é luto.

O luto e a capacidade de transitar

Para começarmos a compreender o que é o luto, destaco três características fundamentais desse processo:

- É um processo que envolve tempo indeterminado.

- Luto é relacionado a qualquer coisa que você tenha se ligado afetivamente. Algo que tenha tido alguma importância para você. Pode ser uma ideia, uma sensação, uma expectativa, um objeto... uma coisa! Luto não se faz de pessoas somente.

- O luto é um processo ativo. Contudo, cada pessoa passará por esse processo de maneira particular. O luto é fazer tudo que for preciso para você aceitar minimamente a sua realidade.

Sobre o primeiro ponto, é importante ressaltar que já houve tentativas de delimitar até quanto tempo seria saudável o processo de luto: 2 meses, 6 meses, 1 ano ou até mais. Antes de 2013, na quarta edição do *Manual Diagnóstico e Estatístico de Transtornos Mentais* (DSM-IV), existia algo chamado "exclusão do luto" nas diretrizes diagnósticas para a depressão maior. Isso significava que se os sintomas de depressão aparecessem em um contexto de luto, como após a morte de um ente querido, eles poderiam ser considerados uma resposta normal ao luto e não necessariamente indicativos de um transtorno depressivo maior. A ideia era reconhecer que o luto pode incluir muitos sintomas que são clinicamente indistinguíveis da depressão, mas que são considerados uma parte normal do processo de luto.

Contudo, na versão lançada em 2013, a "exclusão do luto" foi retirada. Essa controversa mudança permitiu que se patologizasse os processos de luto por considerá-lo um possível estressor para um quadro de depressão maior. Como você verá adiante, essa ideia é bem diferente da que você encontrará neste livro. A ideia aqui é a de que é um trabalho a ser realizado e seu processo possui características particulares a cada situação. Dessa forma, o tempo necessário para esse trabalho ser realizado irá variar de acordo com cada caso, não sendo recomendado por mim a devida atenção isolada ao dado quantitativo do tempo. É como construir uma casa. Uma casa precisa de 6 meses para ser construída, outra precisa de 1 ano e outra de 2 anos. O tempo de construção depende principalmente do tamanho e complexidade da casa e do trabalho que é feito para construí-la. Como em relação ao luto não podemos medir o que está sendo enlutado, não tem como dizer o tamanho do trabalho que precisa ser feito para construir essa "casa". Assim sendo, o que importa realmente é verificar se o trabalho está ocorrendo, se a casa está sendo construída e criar condições favoráveis a esse processo. E como podemos saber se ele está ocorrendo? Vamos ver isso agora.

Assim sendo, podemos dizer que o luto é o estágio necessário após uma perda. Frequentemente falamos de luto quando uma pessoa morre, mas o luto é o processo necessário para lidar com tudo que é transitório. Mas *peraí*, tudo não é de alguma forma transitório? Há mais de 2.500 anos já se pensava sobre a impermanência das coisas: "Nada é permanente senão a mudança", "Tudo flui, nada permanece" – Heráclito há muito tempo já nos atentava para a ideia de que ninguém se banha no mesmo rio, afinal, o rio não é o mesmo e nem você. Um relacionamento de 50 anos juntos não permanece igual ao longo do tempo. Uma amizade de longa data muda sua dinâmica conforme outros acontecimentos vão surgindo, como um casamento, uma mudança de cidade ou simplesmente uma mudança de opinião. Não há nada neste mundo que não esteja no processo de virar outra coisa. E aí, nossa relação com as coisas está sempre fadada a sofrer modificações, seja porque a coisa está diferente, ou a relação com a coisa se transformou ou a nossa visão dessa coisa não é mais a mesma. Não é o foco do livro provar que as coisas mudam (acho que você já está convencido dessa ideia), mas mostrar que se elas mudam, precisamos de recursos para nos adaptarmos às mudanças e, na medida do possível, ditarmos o ritmo dessas mudanças. E o que seriam esses recursos? A capacidade de entristecer, a capacidade de tolerar ausências e, finalmente, a capacidade de transitar. Estas são compostas pelo conjunto de ações, ferramentas e suportes destinados a nos ajudar a lidar com as mudanças da vida.

Nós nascemos em uma relação de dependência. O bebê não tem recursos para lidar com suas necessidades básicas. Quando fica com fome, por exemplo, aumentam suas tensões, ele chora e, se tudo der certo, recebe a satisfação que precisa. Aos poucos, conforme essa situação vai se repetindo, vão sendo deixadas marcas na memória desse bebê que lhe vão dar maiores condições de tolerar essa fome e outras tensões. Para que isso ocorra é necessário que a satisfação não seja imediata o tempo todo e também que não demore demais para vir. Em um tempo suficientemente bom, diria Winnicott (1975). É a partir da presença e depois da ausência (não exagerada) que se desenvolve um porto seguro interno que vai dar a base para uma capacidade de tolerar ausências futuras. Afinal, a ausência pode ser vista como temporária e não um abandono. Cria-se uma categoria intermediária entre presença e ausência. Um espaço confortável que pode ser preenchido com produtos da própria imaginação criadora do bebê, dissolvendo, assim, o pacto de dependência.

Por que isso é importante? Porque essa lógica vale para outras satisfações e insatisfações futuras. No caso do exemplo da Carla, algo aconteceu para que ela não pudesse deixar uma marca somente. Carla não é passado, é presente e se sobrepõe à Ana Beatriz. Quando algo deixa uma marca, mas essa marca é uma marca permanente, nada mais importa, nada pode ocupar esse lugar ou desenvolver outros lugares. Esse é o lugar da depressão. O lugar de alguém que não possui mais a capacidade de transitar porque ficou preso a um passado que se recusa a deixar-se ir. Não houve o luto daquilo que deixou uma marca para se tornar uma lembrança. Essa marca passa a ser persecutória e cria-se uma relação de dependência. O luto da Carla é o que possibilitaria o aparecimento de um espaço que pudesse ser preenchido por outra pessoa ou outra coisa. Também permitiria que nada preenchesse esse espaço por um tempo, o que estamos chamando de capacidade de tolerar ausência e que é a base para poder se movimentar na vida.

Então, nesse importante processo que é o luto, a pessoa é confrontada com o fato de que algo muito importante para ela não está mais presente, está presente parcialmente ou está presente de uma forma diferente. Isso exige uma resposta de desligamento gradual do investimento afetivo que ela colocava ali. Como as pessoas têm dificuldade em deixar uma posição emocionalmente significativa, mesmo que haja uma alternativa disponível para elas (Freud, 1917/2006, p. 250), há um desligamento momentâneo da realidade externa. A pessoa volta-se para dentro de si mesma para prolongar na sua mente, nesse meio tempo em que se passa o trabalho do luto, a existência do que foi perdido. Assim, as lembranças, as ideias e os pensamentos ligados ao que foi perdido são trazidos à memória e sobrecarregados de emoções antes de serem gradualmente desinvestidos. A forma como isso vai acontecer será completamente particular, mas podemos lembrar os estágios do luto descritos por Elisabeth Kübler-Ross (1996):

1. Negação: é comum que a pessoa negue a realidade da perda, como se não fosse verdadeira. Em muitos casos, é um mecanismo de defesa psicológica para lidar com a dor. A pessoa pode acreditar que a perda é temporária ou que a situação vai se resolver por si só.

2. Raiva: a pessoa pode sentir raiva, mesmo que não haja nada de concreto para se sentir com raiva. A pessoa pode se sentir traída, ressentida ou injustiçada pela perda. A raiva pode ser direcionada a outras pessoas, a si mesma ou a Deus.

3. Barganha: em alguns casos, a pessoa pode tentar fazer um acordo consigo mesma, com outras pessoas ou com Deus, para tentar reverter a perda ou minimizar sua dor.

Por exemplo, a pessoa pode prometer mudar seus hábitos para que algo assim não aconteça novamente, ou fazer promessas para Deus em troca da reversão da situação.

4. Depressão: a pessoa pode experimentar tristeza profunda, desesperança, desânimo e falta de energia. É comum que a pessoa se sinta esgotada, sem vontade de fazer nada ou de interagir com outras pessoas.

5. Aceitação: por fim, a pessoa começa a aceitar a realidade da perda e começa a encontrar maneiras de seguir em frente. A pessoa começa a se concentrar nas lembranças felizes e nas coisas positivas que ainda existem em sua vida, e se esforça para encontrar um sentido e propósito na vida após a perda.

É importante ressaltar que esses estágios não acontecem necessariamente nessa ordem ou de forma linear, e podem ser experimentados de maneiras diferentes por cada indivíduo. Além disso, nem todas as pessoas passam por todos os estágios, ou podem experimentá-los de forma mais breve ou intensa. Tampouco a aceitação é o estágio final das pessoas que venceram o luto. Luto não se vence, não é uma disputa. A melhor resolução não é chegar ao estágio da aceitação, mas sim encontrar alguma forma de se reconectar com coisas novas da vida. Digo isso porque é comum para mim ouvir pessoas em estágios iniciais de luto que querem antecipar o processo e artificialmente chegar à aceitação. É aquele discurso: "Não consegui, mas já passou", "Ontem estava acabada, mas já superei", "Isso era muito importante para mim, mas não posso fazer nada senão aceitar que não vai dar certo".

A teoria de Kübler-Ross é uma ferramenta útil para entender e validar as emoções das pessoas em luto, mas não deve ser vista como um roteiro rígido ou como a única maneira de processar a perda. Cada pessoa precisa encontrar sua própria maneira de lidar com a perda e o luto, e isso pode levar tempo e muita paciência. Quando esse processo se conclui, a pessoa torna-se livre novamente para poder investir em novas coisas.

> O luto, como sabemos, por mais doloroso que possa ser, chega a um fim espontâneo. Quando renunciou a tudo que foi perdido, então consumiu-se a si próprio, e nossa libido fica mais uma vez livre (enquanto ainda formos jovens e ativos) para substituir os objetos perdidos por novos igualmente, ou ainda mais, preciosos (Freud, 1915/2006, p. 319).

Luto não é abandono. Não é o apagamento. Não tem como simplesmente esquecer algo que é tão importante para nós. Portanto, o apagamento é impossível e o luto não tem como fazer isso. O resultado final do luto é o **convívio**. Repito: não se abandona aquilo que tem tanta importância. Mas na impossibilidade de concretizar essa coisa tão importante, ela chega para o lado para abrir espaço para novas coisas. Veja, o castelo que você construiu na sua cabeça em homenagem a essa coisa tão importante não é destruído. Quando é realizado o trabalho de luto, abre-se um terreno ao lado dele, expandindo a área na qual colocamos nossas emoções e as ligamos às coisas. A mudança que realmente acontece é no protagonismo que o castelo tinha. Ele passa a ficar mais distante, talvez menor se pensarmos em lutos de coisas que eram idealizadas. Por isso, o luto é o trabalho que permite que novas coisas apareçam, sem roubar o brilho das coisas que já estavam ali. O novo aparece sem ser o substituto do velho. Assim, o velho passa a não ser mais ameaçado de sumir, não sendo mais tão necessária sua proteção. Podemos, então, dizer que o luto preserva, mesmo que de uma forma diferente, o velho. Preserva não como algo idealizado, imutável, perfeito, mas algo relativo, transformável, verdadeiro.

Algo muito interessante de se observar é que o velho passa a ser acessível. Justamente porque não corre o risco de desmoronar a qualquer passo em falso. Ele pode ser relembrado, pode ser revivido de alguma forma que não seja pela dor da perda. Pode fazer parte de uma celebração. Pode fazer parte de um ritual. Lugares que antes não podiam ser visitados por trazerem a insuportável dor da perda podem ser reencontrados. Uma pessoa que perdeu o pai de forma muito dolorosa passa a poder ir aos lugares que ia com o pai, fazer atividades que fazia com o pai etc. Velho e Novo não lutam mais por um lugar na mente e passam a poder coexistir. Portanto, o luto é a passagem para o novo sem perder o velho.

A música de Paulinho Moska, *Tudo Novo de Novo*, nos ajuda a pensar sobre essa questão. Expondo o paradoxo da transformação, a música já começa por um fim. Retrata um início que se estabelece quando algo chega ao seu final e faz a reflexão de que tudo na vida uma hora acaba. Depois diz que nada é tão triste assim, fazendo referência à intensidade da tristeza que nos acomete quando algo importante não está mais ali. Em seguida, a música brinda algo positivo, para contrastar com a tristeza que acabamos de mencionar. Para trazer a energia para o percurso que é ir atrás de algo novo. E se não for completamente novo (impossível, né?), que seja uma versão diferente. Algo que lembra o antigo, mas que não é igual e possui características próprias, diferentemente da Carla do vídeo do Porta dos Fundos.

Figura 2: QR Code com link para vídeo "Tudo novo de novo" de Paulinho Moska. (2003). YouTube.

"Tudo novo de novo" é o velho e o novo na mesma frase. Se fosse somente o novo, seria "Tudo novo", sem fazer referência ao velho. Se fosse somente o velho, seria "Tudo de novo", significando tudo igual novamente, tudo outra vez. Por isso, é tudo novo de novo. Quando há uma coexistência do velho com o novo, estamos no estágio final do processo de luto em que aparecem as possibilidades, as novidades, a mudança. Quando o velho e o novo travam uma batalha para um trono que só pode ser ocupado por um deles, estamos no curso do processo de luto ou imersos no campo da depressão. E nesse último caso, trata-se de uma batalha bem desleal entre os dois: de um lado o velho com a força de um ideal e, do outro, o novo amordaçado, impedido de usar todas as suas armas. Por isso, a depressão não é o oposto da felicidade. Ela é o oposto do luto.

Quadro 1: *Diferenças entre o luto e a depressão*

• O luto é ativo.
• O luto é fazer tudo que for preciso para você aceitar minimamente a sua realidade.
• Luto é revisitar, realizar rituais. Luto é se movimentar.
• Tristeza.
• A depressão é passiva.
• A depressão é não conseguir fazer o possível para que a realidade se torne aceitável.
• Depressão é paralisar.
• Vazio.

.

MAS, AFINAL, O QUE É ESSA TAL DE DEPRESSÃO?

> *A depressão é proteger da morte o que foi morto.*
> *É uma relação de morto-vivo.*
> *(adaptado de Gregório, 2018)*

Bom, antes de a gente dar esse mergulho nas profundezas da depressão, eu preciso explicar uma coisa. Eu nunca me contentei com uma explicação simples para algo que eu considero complexo. Isso serve como fundamento para justificar a utilização da psicanálise como base para descrever a depressão, pois a depressão desafia o diagnosticador no seu desejo de fazer sentido dos seus sintomas, desafia aquele que quer ajudar na sua vontade de mostrar o caminho das pedras e desafia a lógica de que o objetivo da vida é ser feliz. Descrever o fenômeno depressivo é algo desafiador porque muitos dos dados estão escondidos e só aparecem depois de muito tempo de terapia. Por muito tempo, a gente não sabe o que está por trás da aparência mórbida, desesperançosa e autoacusatória de uma pessoa depressiva.

Esses desafios e angústias tornam atrativa uma busca por "atalhos" como focar somente em sinais e sintomas mais intrinsecamente ligados àquilo que é fácil de observar e descrever, como as questões biológicas. Consequentemente, essa utilização de "atalhos" pode levar a uma caracterização das emoções humanas que, embora privilegie a objetividade, desconsidera o significado presente na ambiguidade dos sinais e sintomas clínicos, correndo o risco de deixar de lado a essência do sofrimento psíquico.

> Desde que se descobriu a existência de sintomas que aparecem e desaparecem, onde a invariância com os dados clínicos, a diversidade e intensa promoção do equívoco se fazem presentes, muitos autores e classificações buscaram fazer desaparecer ou modificá-los com o afã de minorar esses problemas (Martins, 2003, p. 214).

Quanto mais genérica a descrição, mais fácil de diagnosticar. Quanto mais protocolos existirem, mais fácil para tratar. Porém, na minha visão, no que concerne às questões psicológicas, o genérico e o protocolar são menos efetivos no diagnóstico e tratamento da depressão. Nesse sentido, se uma das minhas pacientes me diz que "teve depressão pós-parto, depois de passar dois anos tentando engravidar e passando por diversos procedimentos para se tornar mãe", o "atalho" seria focar em causas mais biológicas. Só a genética para explicar isso, né? Afinal, como uma pessoa pode se sentir depressiva depois de conseguir algo no qual colocou tanto esforço? Esse é um bom exemplo da beleza do método psicanalítico que dá tempo para entendermos melhor os elementos dessa história.

Nesse caso, somente depois de um ano de terapia, duas vezes por semana, foi que pudemos juntos entender o que antes era chamado de depressão pós-parto como uma rejeição de sua filha por ser do sexo feminino e, na visão dela, mais suscetível a sofrer as diversas violências que ela sofreu ao longo da vida na condição de mulher. Ao invés de ter um filho para lhe proteger, ela teve uma filha que necessitaria da proteção que nem ela mesmo teve. Portanto, o que proponho é que a depressão exige uma aceitação do desconforto que ela nos causa para que possamos ouvir aquela pessoa que acredita que seus sintomas não têm solução e que ninguém quer ou consegue realmente entendê-la. Caso contrário, corremos o risco de confirmarmos isso a ela. Dito isso, vamos lá!

Primeiro trago uma descrição de manual: sintomas da depressão incluem tristeza persistente ao longo do dia; falta de interesse ou prazer significativo em quase todas as atividades diárias; perda involuntária de peso; alterações incomuns no apetite, seja aumento ou diminuição; dificuldade para dormir ou excesso de sono; inquietação evidente para as pessoas ao redor; cansaço ou falta de energia; sensação de desvalorização, culpa excessiva ou inadequada; dificuldade em se concentrar ou tomar decisões; pensamentos repetitivos sobre a morte; e ideias, planejamento ou tentativas de suicídio (American Psychiatric Association, 2013).

E agora, uma descrição freudiana: na depressão, observamos uma intensa tristeza avassaladora, a perda do interesse pelo mundo ao redor, a incapacidade de sentir amor, a falta de ânimo para qualquer tipo de atividade e uma redução significativa da autoestima levando a uma severa autocrítica e autocondenação, culminando em uma crença de merecer punição (Freud, 1917/2006, p. 250).

Percebe-se que, mesmo em metodologias diferentes, há um consenso entre as abordagens teóricas na caracterização da depressão como uma diminuição de tudo que está relacionado a se movimentar na vida. Interesses? Não tem. Prazer? Sumiu. Vontades? Nenhuma. E a energia? Lá embaixo. Acredito que uma das pessoas que mais conseguiram externar o que é esse sentimento foi Chester Bennington. Ele foi um cantor, compositor, ator e vocalista da banda americana Linkin Park e cometeu suicídio no dia 20 de julho de 2017. Suas músicas já eram repletas de pensamentos depressivos que podem ser ouvidos em *In the End, Crawling, Nobody is listening,* entre outras músicas. Contudo, penso que seu relato em uma entrevista, em que ele descreveu um dos seus momentos mais depressivos, é o que melhor traduz a experiência depressiva na sua essência:

> Eu não quero fazer nada, não tenho vontade de fazer nada, não gosto de nada, como se não houvesse luz do sol. É como caminhar até o canto e pensar "Eu só vou deitar aqui e morrer". Não é como você sabe, não é nem como se eu fosse me matar, é como se eu fosse apenas ir para lá e não vou comer nada, não vou beber nada, vou apenas deitar aqui, não vou falar com ninguém. Vou fazer isso até morrer. Isso é o que é a depressão (Hefner, 2019).

Veja que a característica principal da depressão é o vazio. A tristeza faz parte da vida, mas esse vazio descrito pelo Chester retrata uma morte em vida. E aí, a fama, o dinheiro e as outras coisas que ele tinha em vida perdem seu valor. Por isso, a parte sensível da experiência depressiva é como estar em uma sala cheia de gente e ainda se sentir totalmente sozinho. É perder a conexão com as coisas que fazem parte da vida. Uma outra descrição que representa com precisão a sensibilidade da experiência depressiva encontramos nos pesquisadores Berlinck e Fedidá (2000, p. 13):

> A intensidade das cores esmaece, assim como o claro-escuro, dando lugar a uma tonalidade cinza, sem contraste. Os cheiros param de ser percebidos, as texturas deixam de ser registradas, os sons ficam amortecidos e podem até desaparecer. Os movimentos corporais ficam lentos, os pés se arrastam. Em suma, o corpo penetra um estado de insensibilização da sensorialidade.

Se a experiência depressiva é bem caracterizada nessas citações, para caracterizarmos o que é a depressão precisaríamos adicionar que além dessa frieza há também um ataque a si mesmo. É comum pessoas depressivas sentirem pena de todos que estão ao seu redor por compartilharem o mesmo espaço com uma pessoa que merece desprezo, pois é desprovida de valor e incapaz de qualquer realização (Freud, 1917/2006). Parece estranho, né? O que será que aconteceu para uma pessoa pensar assim?

Existem diversos caminhos e meu objetivo não é esgotá-los aqui, mas dar exemplos e explicar a lógica por trás desse funcionamento que é esta: se te tratam mal, você só pode ser ruim. Se os outros são felizes e você não, você só pode ser muito incompetente em viver. Se não te amam, é porque você não é amável. Se as pessoas estão trabalhando e ficando ricas, você só pode ser muito ignorante. Trazendo um exemplo real: *Se tudo acontece por um motivo, eu só posso ser uma pessoa horrível –* Me dizia Antônia[2] *– Dizem que a gente atrai o que merece, então eu só posso ser uma pessoa ruim.*

O depressivo é cruel consigo e joga cada falha contra si mesmo. Isso é importantíssimo de se entender para compreender que uma tentativa de ajuda que falhou pode ser usada para alimentar a ideia de que "se ninguém consegue me ajudar, eu não

---

[2] Todos os nomes de paciente utilizados neste livro são fictícios. Todos os participantes assinaram o Termo de Consentimento Livre e Esclarecido (TCLE) demonstrando estarem cientes dos procedimentos legais e éticos desta pesquisa.

sou ajudável". Portanto, cuidado com as soluções genéricas e rasas como: basta acreditar e ter força de vontade. Elas são muito, mas muito perigosas. Cada tratamento que fracassa é mais lenha na já ardente fogueira da autorrecriminação depressiva. Se o tratamento funciona, mas não funcionou com uma pessoa depressiva, logicamente, "eu não tenho tratamento, minha dor é tão grande que nada funciona e funcionará em mim".

Além do mais, fazer isso é negar a depressão. Ora, não acreditar, não ter força e nem vontade são justamente sintomas da depressão. Então, seria como se disséssemos para uma pessoa que sofreu um acidente e está em recuperação fazendo fisioterapia: levanta e anda. Tenha força de vontade que dará tudo certo. Não, não dará tudo certo. Muitas vezes o resultado é um meio termo, um andar, mas não como era antes do acidente. A força de vontade pode ser importante em algum momento, mas nunca como uma negação do sofrimento. O que realmente é importante é saber a diferença entre incentivar a pessoa a melhorar e menosprezar o problema dela. Simplesmente dizer que tudo vai dar certo para alguém que está te comunicando que está sentindo que tudo vai dar errado não é acolhedor. É um grande "cala a boca que eu não quero te ouvir". Falar que vai ficar tudo bem é uma idealização que só pode ter um final trágico: "Você mentiu para mim porque não ficou tudo bem". É diferente de ouvir, reconhecer, chorar, se emocionar junto e, aí, quem sabe, dizer "espero que dê tudo certo". Ou melhor, dizer algo mais relativo como "eu acredito que as coisas vão melhorar e eu estarei aqui quando não estiverem dando certo". Ou, quem sabe, um simples e longo abraço. Nesse momento, é mais importante ouvir do que falar, porque, como disse, a fala pode ser silenciadora e até agravar o quadro depressivo.

A paralisação

De uma forma geral, o processo depressivo pode ser descrito de maneira didática da seguinte maneira: inicialmente, ocorre uma conexão emocional com algo (seja uma pessoa, ideia, relação etc.), em que surge um forte laço afetivo. Posteriormente, ocorre uma desilusão em relação a essa coisa amada ou uma separação real, resultando na impossibilidade de manter o vínculo emocional estabelecido. Em vez de redirecionar essa emoção para algo novo, a pessoa direciona essa energia internamente, tentando manter viva a ligação que foi perdida (Green, 2010; Fédida, 1999). Consequentemente, a ausência daquilo que foi perdido se reflete na pessoa, levando-a a se isolar do mundo exterior, já que aquilo a que ela estava profundamente ligada só existe dentro dela mesma (Freud, 1917/2006).

Portanto, o objetivo central da depressão é assegurar a permanência de uma ligação original com algo que, por algum motivo particular, se tornou tão imprescindível que não pôde morrer ou se transformar. Essa ligação é tão importante que, na impossibilidade de mantê-la diretamente, a pessoa em depressão a efetiva pelo seu lado oposto (o do nada). Calma que eu vou explicar melhor. Existem formas diretas e indiretas de conservação de algo ao qual nos sentimos vinculados. Se estivermos falando de um relacionamento afetivo, a forma direta é manter-se no relacionamento, passar tempo com a pessoa etc. Contudo, esse relacionamento irá se transformar ao longo do tempo, afinal, ele está vivo. Para impedir isso, só é possível conservá-lo por uma forma indireta. Nesse caso, a forma indireta poderia ser terminar o relacionamento e nunca mais ter relações afetivas da mesma natureza. Ou, quem sabe, ter novos relacionamentos, mas sem permitir que o novo ocupe o lugar que já foi ocupado pelo velho. É o exemplo da Carla no vídeo do Porta dos Fundo. O que eu quero que você entenda é que a pessoa em depressão só pode utilizar a forma indireta porque a forma direta necessariamente acarretará transformações.

Mais alguns exemplos: se for o caso de uma pessoa querida que morreu, a forma indireta de manutenção da relação com essa pessoa é nunca deixar que outra pessoa ocupe o lugar da anterior e manter todas as coisas relacionadas a essa pessoa intactas, como um quarto com a mesma roupa de cama, o mesmo cheiro, a mesma disposição. Se for uma ideia de se casar e sair de casa para morar em uma grande casa com muitos filhos, a forma indireta de manter viva essa ideia poderia ser nunca sair de casa e ir morar em um apartamento de um quarto. Se for o sonho de ser o campeão de um concurso de culinária, a forma indireta de mantê-lo vivo é nunca participar do concurso.

Veja, todas as soluções indiretas de manutenção são baseadas na paralisação. Movimentar-se é arriscado. A esse respeito, gosto da definição de Figueiredo (1996) quando ele diz que experimentar é entrar em contato com a alteridade, se abrir para a transformação que o contato com o outro permite. É deixar-se fazer outro no encontro com o outro. Por isso, toda problemática depressiva estará evidenciada na estagnação no ir e vir da vida (Martins, 2003), na estagnação do movimento e na incapacidade de experimentar.

Ao antever a queda, o depressivo se joga no chão, agindo em um mecanismo de preservação que o protege, mas ao mesmo tempo assinala sua queda. Em outras palavras, com o intuito de evitar a queda, a pessoa deprimida permanece deitada, garantindo, assim, a preservação virtual da existência de uma coisa que resistirá à queda. A pessoa em estado depressivo abdica da participação ativa nas experiências da vida para preservar o que percebe como morto. É uma tentativa de preservar o impreservável.

Se o lutador desiste antes de a luta começar, em tese, ele nunca perdeu. Por isso,

> Se eles (os depressivos) recuam, é porque não admitem o risco da derrota nem a possibilidade de um segundo lugar. Ao colocar-se ante a exigência de "tudo ou nada", acabam por instalar-se do lado do nada (Kehl, 2009, p. 15).

Para não errar, abre-se mão da tentativa de acertar. Até porque o acerto é também evitado, pois é uma realização imperfeita. Nas palavras de Pinheiro et al. (2010, p. 161), "se não sou mais o que fui [...], não quero mais nada".

Trazendo um exemplo: ao conseguir o almejado emprego, no dia seguinte, Rafaela ligou para o estabelecimento informando que não iria trabalhar lá. *Quanto mais eu ficar quieta, mais eu não tenho uma discussão. Menos eles (as outras pessoas) acham que eu estou de implicância. Eu prefiro não abrir a minha boca, para não falar besteira* – me conta, sintetizando nosso argumento.

O que ela está dizendo é que ser invisível é ser imperceptível, e, também, se constituir como uma pessoa que não está fadada ao veredito da falibilidade que o encontro com a alteridade promove. O objetivo aqui é adiar o confronto com as inevitáveis críticas que a vida necessariamente promoverá. Só se pode não ser contestado em nada nessa vida se abdicando dela e vivendo em uma caverna. Parafraseando Kehl (2009): a pessoa deprimida busca evitar se movimentar na vida a qualquer custo na tentativa de postergar o encontro com as excessivamente críticas exigências da vida.

Portanto, o depressivo esconde um segredo. O segredo de manter vivo o que está morto. Como se todos tivessem ido ao velório, mas ele mantém vivo, no âmbito privado, longe de todos, o que de outra forma está morto. Por isso, Fédida (2002, p. 49) diz que "A depressão é uma morte impossível" e questiona: "a depressão não conservaria o cadáver, ao mesmo tempo protegendo da morte que ele realiza?". O cadáver, figurativamente representando o que foi perdido, simboliza a morte, pois evidencia a ausência do que anteriormente estava ali. Além disso, com o passar do tempo, esse corpo morto passará por um processo natural de decomposição. O que o depressivo faz é embalsamar o cadáver para que ele se torne eterno. Porém, essa eternidade é manifestada na forma de um corpo sem vida, que paradoxalmente oferece proteção contra a morte que ele próprio assinala. Afinal, está ali, mas está morto.

É assim que o que foi perdido não é efetivamente perdido. Ele é preservado na sua condição original, imutável às transformações do tempo, mesmo que de forma negativa (eu não sou o que fui). Então, o que foi perdido se torna uma relíquia particular, preservando um tempo que não existe mais. É justamente por essa razão que essa coisa perdida só pode continuar acessível por meio de uma paralisação no movimento da vida. Este é o segredo da pessoa em um estado depressivo: encontrar uma maneira de manter algo já falecido vivo, se afastando das vivências da vida (Fédida, 1999; 2002).

No entanto, essa tentativa é ineficaz em termos práticos, embora sustente um elo emocional, pois mantém a ligação com algo que existe somente em um mundo particular e fica sempre inacessível. O que foi perdido, ou, mais precisamente, o que não foi verdadeiramente perdido, pois se mantém por sua ausência, ocupa um lugar notório na vida emocional dessas pessoas. Assim, trata-se da impossibilidade de verdadeiramente se desprender do que já não está presente. O que persiste é o vínculo com algo que existe em um plano particular virtual. Algo desprovido de uma dimensão espacial, mas circunscrito em um tempo. É o próprio vínculo que é investido para assegurar uma forma de existência a algo que não possui outra maneira de existir. Desse modo, o que foi perdido existe como um **morto-vivo**: está ali e ao mesmo tempo não está.

O morto-vivo é algo no qual você pode colocar todas as suas energias nele, falar com ele, mas ele não responde. Está vivo como receptáculo e não como autor de ações. Para exemplificar, podemos retomar o vídeo do Porta dos Fundos sobre a Carla. Ana Beatriz no lugar de Não-Carla é o morto-vivo. O personagem do Gregório Duvivier está ali interagindo com a Carla por meio da Ana Beatriz. Mas não é a Carla em si, a Carla com quem ele teve experiências no passado, a relação é com o personagem que foi constituído pela falta da Carla na impossibilidade de deixá-la partir. Com isso, não foi possível abrir nenhum espaço para a Ana Beatriz poder existir, tampouco é possível interagir com a Carla diretamente.

Este é um ponto importante: para Ana Beatriz existir, o fantasma da Carla precisa deixar o corpo do morto-vivo. Veja, o depressivo é como uma caixa cheia que é vista aos olhos dos outros como uma caixa vazia. Você não tentaria colocar mais um livro em uma caixa lotada de livros. Portanto, não adianta tentar enfiar algo onde não há espaço vazio. É um erro comum e uma grande fonte de sofrimento para os depressivos quando lhes é imposto que se movimentem, que consigam novas coisas, que ajam sem antes poder arrumar a casa. Sem antes poder tirar o que preenche a caixa, deixando-a pesada, muito pesada.

Podemos pensar também em uma tela de pintura. Aos olhos dos outros, a tela está branca, vazia, esperando para poder ser pintada com todas as cores que existem no arco-íris. Mas não. A tela não está vazia. Pode-se jogar a tinta que for na tela, mas a tinta escorrerá. Não gruda. Somente olhando de perto, pode-se ver que a tela já está pintada e protegida – como em um tecido impermeável. Somente apagando o que está na tela, será possível pintá-la novamente.

Porém, quando falamos de memórias, não existe apagar. Lembramos daquilo que é importante para nós e esquecemos aquilo que não temos ligação afetiva, aquilo que não nos importa. Não é o caso aqui. Mesmo aquilo que é reprimido, mesmo o que não queremos lembrar, volta e meia ressurge quando aparece algo semelhante. Um cheiro, um semblante, uma sensação. Não nos esquecemos (nem nos lembramos completamente) daquilo que nos ligamos. Daquilo que nos identificamos, daquilo que desejamos. Construímos vínculos com nossas memórias tão fortes que elas passam a determinar como somos. Naturalmente nos apegamos àquilo que é rico para nós, mesmo que não esteja mais acessível.

O que está pintado na tela é tão importante que se tirássemos a camada de proteção, seu vazio transformaria ou se deterioraria. É importante compreender que o conteúdo dessa tela vale mais que a Mona Lisa. Parece um cenário pessimista, né? Se o que está pintado na tela é algo que gera um sofrimento imenso e só se pode pintar na tela novamente quando apagarmos o que está na tela, mas a tela não é apagável, qual a solução? Percebe o dilema depressivo aqui? Como andar sem deixar de olhar para trás? Como ver sem abrir os olhos? Como se mover sem sair do lugar? Assustador, não? Espero estar conseguindo fazer você, leitor, imaginar essa situação.

Portanto, a pessoa em depressão é a última linha de defesa contra aquilo que não está mais ali. Não é que essa pessoa está paralisada e não fazendo nada. Há uma ação de resistência. Paradoxalmente, a ação é passiva, pois trata-se de uma paralisação do movimento. Eu não gosto do termo demissão subjetiva, utilizado por alguns autores (Kehl, 2009), pois pode ser taxativo. Contudo, ele tem sua coerência. Descreve bem a ideia de que é necessário não se movimentar para manter vivo o que está morto. Por isso, o depressivo não tem força para se mover, já que está fazendo toda a força que possui para manter o morto-vivo e também porque não é para aquele lugar que ele gostaria de ir, por mais que deseje melhorar sua condição.

Podemos agora chegar à conclusão de que a depressão não é tanto uma resposta a uma perda, mas sim a capacidade imaginativa de evitá-la, conservando o que foi perdido. Para isso, vimos que a paralisação é uma forma de impedir a perda, falta ainda falarmos de outros dois mecanismos: a idealização e a autorrecriminação.

A idealização

Não basta paralisar. Somente isso é insuficiente, pois se tudo nessa vida está em constante transformação, então como alguma coisa pode se tornar resistente a essa transformação, ainda mais estando cada vez menos acessível?

Há uma coisa que resiste à transformação do tempo e, de quebra, resiste também a outro imperativo do mundo: de que tudo é relativo. Tudo na vida é limitado por uma natureza temporária e também possui a característica de não ser perfeito. Nada atinge a marca dos 100%: nada é 100% bom, nada é 100% ruim. De alguma forma, tudo também é parcial. Mas há uma exceção à regra. Se alguma coisa conseguir tornar-se ideal, ela consegue vestir uma armadura resistente ao tempo e a essa parcialidade das coisas. Por isso o ideal é uma aspiração que precisa permanecer inalcançável. Ele é, de uma forma, perfeito e de outra inacessível. A conta do ideal não fecha. Porque se fosse ideal mesmo, ele se apresentaria diante de nós. Afinal, se é ideal, se ele é tão bom, ou poderoso, ou seja lá quais forem as características ideais do caso, ele teria que possuir o poder de aparecer diante de nós. O ideal nunca será inteiro por ter sempre duas características opostas: a de perfeição e a da morte (por ser inacessível). Não é possível viver o ideal. Para algo ser vivido, precisa deixar de ser ideal. Quando passa para o mundo do possível, o ideal morre. Ele só existe em seu mundo próprio, no qual reina sozinho. Um bom exemplo é tudo que tenha a qualidade de ser platônico. O amor platônico ou uma amizade idealizada só podem existir distantes. Cada passo no sentido de uma aproximação é um passo na direção de sua morte (e quem sabe na transformação em algo novo). Assim, o ideal gera solidão por ser inacessível.

Então, para que algo seja imutável como um ideal, é necessário um gasto muito grande de energia. Eu acho importante sempre relembrar que o depressivo está cansado, esgotado de tanta energia que é direcionada a manter vivo o que de outra forma estaria morto. O ideal se mantém estável a duras custas. Ele é como uma substância extremamente volátil como a gasolina pronta para pegar fogo ou evaporar ao atingir altas temperaturas. Cada movimento, cada passo, é uma perigosa ação que pode matar o ideal. O ideal sobrevive em uma linha tênue, pronto para migrar para o reino do possível e, assim, deixar de ser ideal. Logo, quando falamos de algo que não pôde ser perdido e foi preservado em uma condição resistente à transformação, essa coisa já não possui mais as falhas que os objetos reais têm, justamente porque foi preservado em uma condição resistente à transformação. O alvo do investimento da pessoa depressiva não é pela memória deixada pela experiência passada, como poderíamos pensar que é quando estamos com saudade. O depressivo não é simplesmente um saudosista. Alguém que sente saudade ou nostalgia do passado, especialmente de épocas, lugares ou experiências vividas anteriormente, associando essas lembranças a tempos mais felizes. Não se trata de querer reviver ou preservar essas memórias do passado nos tempos atuais. O alvo de uma pessoa depressiva é pela experiência passada na sua qualidade ideal. O que for diferente disso passa a ter pouco valor. Assim, ao se vincular ao mundo ideal, o ideal se torna para o depressivo um hospedeiro indesejado que passou a ter lugar cativo, como um parasita. Quando essas pessoas falam: "eu não sou nada", também estão falando de um ideal. O oposto de um ideal é outro ideal, pois é igualmente absoluto. Saímos do idealmente bom para o idealmente ruim e voltamos ao ponto de partida: igualmente ideais. Nada e tudo são ideais de intensidades opostas. Agora, o contrário do ideal, no sentido de ser divergente, diferente dele, é o possível. E da mesma forma, o contrário da depressão é o luto.

Um exemplo disso podemos ver na história de Antônia. Ela me contou durante as nossas sessões: *a solidão me fez entrar em depressão. De os amigos começarem uma vida nova. Não tem como ser como era antes. Encontrar todo fim de semana.* Ela sempre me contava que não tinha amigos, o que não condizia com os relatos de ter vivido experiências cercadas de amizades. No entanto, segundo Antônia, os amigos que ela possuía agora não se equiparavam aos seus amigos de antigamente. A armadilha se abre quando ela também me informa que esses mesmos amigos não são mais como eram no passado, mesmo sendo os mesmos amigos. O que aconteceu foi que a dinâmica da relação entre ela e esses amigos mudou, uns se casaram, tiveram filhos, outros mudaram de cidade etc. O que antes era uma convivência dentro da universidade passou para outro momento de vida. Contudo, Antônia permanecia presa a um tempo irrecuperável e, assim, seus amigos se reduziam a não serem mais o que foram um dia. Essa é a qualidade que lhes atribuiu, a de simplesmente não serem mais o que eram. Assim, Antônia fechou-se para novos encontros, preservando o passado idealizado. Quando ela me dizia que não tinha amigos, ela estava dizendo que a relação de amizade que naquele momento possuía não era nada diante do seu inverso: tudo aquilo que foi constituído pela relação de amizade e passou a estar inacessível. E é desse jeito que o novo passa a ter a qualidade de não ser o que o velho foi, da mesma forma que acontece no exemplo da Carla.

Ou é tudo, ou é nada

Outros exemplos: *Passei dois anos sem fazer nada. Não tô com vontade de fazer nada. Nada que eu faço dá certo* – me contou Antônia. Bom, ninguém passa dois anos fazendo nada, pois é impossível fazer absolutamente nada. Alguma coisa há de ter sido feita! Porém, essa coisa está sendo qualificada como "nada" porque é desprezível e sem valor, afinal, não é o "tudo". Por isso que nada faz referência a um tudo. Antônia passou dois anos fazendo atividades que não tinham valor nenhum quando comparadas com as atividades que tinha como ideal.

Seguindo um caminho parecido, Rafaela seguia uma rotina imutável: *Faço mil coisas ao mesmo tempo. Sabe aquele ditado popular que mulher faz mil coisas ao mesmo tempo? Então, eu faço. Estou cansada, acho que vou explodir.* Contudo, mesmo me dizendo que faz mil coisas ao mesmo tempo, ela sentia que não fazia nada – *não faço nada mais que a minha obrigação* [...] *Sou um nada. Não tenho emprego, marido, filhos, nem sou formada.* Para ilustrar, aos olhos de Rafaela, o dinheiro que ganhou vendendo produtos artesanais não adquire nenhum valor, pois possui a qualidade de não ser um trabalho de carteira assinada.

Ao qualificar algo que se faz como "nada" ou quando se define como "nada", estamos no campo não só da idealização, mas também da autorrecriminação. Rafaela me contava: *não tenho nada, não sou nada, sou a pior filha do mundo.* Esse "nada" representa uma oposição em relação a um ideal completo e inatingível, que é incongruente e impossível de alcançar, mas que ela sente que é o esperado dela. Considerar-se a pior filha do mundo é um ataque a si mesma por não conseguir trabalhar e ao mesmo tempo deixar a sua mãe em casa. A situação idealizada é como tentar levantar dois objetos ao mesmo tempo que estão cada um em um canto de uma sala. Qualquer escolha será um erro que aumentará o sentimento de culpa e, consequentemente, jogará lenha na fogueira da autorrecriminação. As pessoas em depressão não valorizam nada que fazem porque tudo que fazem não é algo, mas sim "não outra coisa". Ganhar dinheiro com trabalhos informais é não trabalhar com carteira assinada. Assim como estar solteira é não estar casada e estar em formação é o mesmo que não ser formada. Veja que todas essas coisas passam a ter a qualidade de não ser aquilo que tem valor e as características próprias dessas coisas passam a ser descartáveis.

A autorrecriminação

> *Se se ouvir pacientemente as muitas e variadas autoacusações de um melancólico, não se poderá evitar, no fim, a impressão de que frequentemente as mais violentas delas dificilmente se aplicam ao próprio paciente, mas que, com ligeiras modificações, se ajustam realmente a outrem, a alguém que o paciente ama, amou ou deveria amar.*
> *(Freud, 2006/1917, p. 254)*

O caso de Renata demonstra a articulação entre a idealização e a autorrecriminação. Trago agora outro caso, o de Carlos, que demonstra bem o processo da autorrecriminação. Carlos descrevia a relação com seu pai de forma oposta à de sua mãe: *meu pai não me maltratava. Só me bateu duas vezes.* Já a relação com sua mãe era descrita como uma rejeição: *Se a sua mãe, que deveria te amar acima de todas as coisas, nem gosta de você, quem vai gostar?* Na descrição de Carlos, a mãe era aquela que o maltratava e o pai era aquele que não era a mãe (*não me maltrata*). Ele me contou que sua mãe entrou em depressão quando ele tinha de 8 a 11 anos e o maltratou muito, constantemente o xingando de burro. Nas quatro sessões que tivemos, Carlos se apropriou do xingamento da mãe e repetiu essa frase constantemente: *Para você ver como eu sou burro.*

Aos 11 anos, Carlos tentou se suicidar na frente de sua mãe e ela falou que pouco se importava. Sua tentativa de suicídio se baseou em tomar todos os remédios de pressão do pai, o que não produziu muitos efeitos em seu organismo. Nunca mais ocorreu outra tentativa de suicídio, porém relata que pensou muito nesse assunto quando tinha 14 anos e, na época do início da terapia (19 anos), também pensava.

Perceba que, nessa relação, a conta não fecha para Carlos. Veja, Carlos diz que mães são aquelas que amam os filhos acima de todas as coisas, mas a sua não demonstra esse amor em relação a ele. Muito pelo contrário, no lugar do amor, ele recebe o ódio, a negligência e o desdém. Aqui há dois caminhos: ou Carlos não é amável e sua mãe se mantém dentro desse grupo de mães que amam os filhos acima de todas as coisas, ou Carlos é amável e sua mãe não faz parte desse grupo. E o caminho que Carlos seguiu foi o primeiro. Assim, ele se atacava constantemente para fazer sentido à situação sem retirar sua mãe do lugar que lhe era tão importante ao ponto de se sacrificar.

Portanto, a atitude de Carlos de tentar tirar sua própria vida reflete uma reação à ausência de afeto materno, resultando na perda de sentido que o leva a adotar medidas drásticas. Essa tentativa é impulsiva e não alcança seu propósito de buscar o amor matérno que Carlos acredita que deveria ter recebido. O alvo da ação de Carlos foi a "mãe que deveria te amar", algo inatingível para ele, mas precioso ao ponto de não ser possível sua perda, criando assim um luto insuperável. Assim, a inacessível "mãe que deveria te amar" e a alcançável mãe que não o ama é o equivalente da Carla e da Ana Beatriz na história do Porta dos Fundos. Em resumo, a carência do afeto materno tornou Carlos dependente e aguardando ansiosamente seu retorno. É nessa esperança de um retorno que podemos compreender a ação de Carlos, que busca resgatar a mãe que se foi, cativá-la, distraí-la, restaurar sua paixão pela vida e trazê-la a um estado de alegria e conexão amorosa. Ilustrada na experiência de Carlos, é possível concluir que a pessoa em depressão ao se atacar está tentando reavivar algo que já não está mais ali, mas não está verdadeiramente morto, é um morto-vivo (Candi, 2010).

A TRISTEZA É A SAÍDA DA DEPRESSÃO

O Futuro do Passado

Dá para perceber que a realidade externa pouco importa nesse contexto, né? A noção de que a relação com a realidade externa pela via da percepção não é um processo puramente passivo encontramos na obra de Freud, especialmente quando afirma nas suas correspondências com Fliess que no inconsciente não existem indicadores claros da realidade, tornando desafiador distinguir entre o que é real e o que é ficção carregada de afeto (Freud, 1897/2006, p. 310; Freud, 1925/2006). Nesse contexto, a depressão é um bom exemplo da capacidade do ser humano de estar conectado ou desconectado diante do que está à frente dele, pois o que não se encontra ali é mais real do que tudo aquilo que é objetivamente percebido pela pessoa (Green, 1988). Os elementos da realidade externa são muitas vezes utilizados para dar mais volume às autorrecriminações, como nos exemplos da Rafaela e do Carlos, mas, como vimos, a forte ligação afetiva da pessoa em depressão não é com o que podemos observar com nossos olhos. Por isso, além de todo o processo de entendimento das perdas pouco se articularem com a realidade externa, essas pessoas causam tanto espanto naqueles que as observam. Quando se contempla a realidade externa, a depressão parece não fazer sentido, e sua aparência gera desconforto. Por que ele não levanta e vai viver a vida? Acredito que seja em decorrência desse incômodo que existe tanta descrição de sintomas das pessoas em depressão baseada no entendimento de que algo está faltando nelas. Mas para onde foi essa coisa que não está presente? Assim como nos casos de TDAH (Transtorno do Déficit de Atenção com Hiperatividade), nos quais é importante perguntar para onde está indo a atenção e não simplesmente vê-la como um déficit, na depressão devemos nos perguntar onde foi parar a energia vital dessas pessoas. Elas não simplesmente perderam essa energia, o apetite, a sensibilidade e a vontade. Todas essas coisas foram, na verdade, redirecionadas para outro lugar. Um lugar não compartilhável, um lugar que só existe na cabeça da pessoa, um lugar concorrente da realidade externa. Uma linha temporal particular.

Assim, a pessoa em depressão não vai para frente porque almeja ir para trás. O presente e o futuro perdem o seu valor para o passado, mas ao fazer isso, o passado se transforma em um passado idealizado. Por isso, é comum ouvir histórias contadas por pessoas em depressão no tempo verbal do pretérito imperfeito do subjuntivo ou o futuro do pretérito do indicativo (futuro do passado). Alguns exemplos de sentenças nesses tempos verbais:

- Se eu estudasse mais, passaria no exame (mas não estudei).

- Eu viajaria para a praia se o tempo estivesse bom (mas não estava).

- Se eu economizasse dinheiro, poderia comprar um carro novo (mas não economizei).

- Eu aceitaria o emprego se me oferecessem na hora certa (mas não me ofereceram).

- Se eu chegasse mais cedo, conseguiria os melhores lugares (mas não cheguei).

- Caso nós treinássemos melhor, venceríamos o campeonato (mas não treinamos).

- Eu ligaria para ela se não perdesse o celular (mas perdi).

- Se não perdêssemos a oportunidade, nossa vida seria completamente diferente (mas perdemos).

Além da visível autorrecriminação presente nessas sentenças, há outro elemento muito importante: todas essas ações acontecem em um tempo que não se concretiza. Um lugar onde as coisas não se realizam. Esse é o reino da depressão. Eu te pergunto: como que o futuro do passado não é o presente? Responder essa pergunta é responder o que é a depressão. Veja, existe o passado, o presente e o futuro. Quando o futuro do passado não é o presente, estamos falando de outro presente. Um presente paralelo. E igualmente a duas linhas paralelas, o presente paralelo e o presente que o depressivo se vê nunca vão se encontrar. A cilada que o depressivo se encontra é se ver fortemente vinculado a um futuro impossível, a um presente paralelo e a um passado idealizado e não conseguir acessá-los diretamente. A figura a seguir ajuda a entender:

Figura 3: *Linhas temporais da depressão. Gregório, G. (2024). Diagrama*

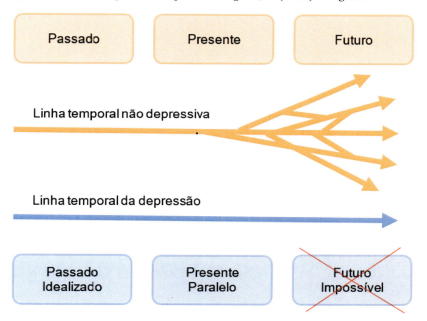

O Passado é idealizado sob duas referências. A da potência e da nostalgia. "Eu iria por outro caminho" e "eu tinha amigos nessa época". Detalhe que não é uma fala comum nos depressivos, "eu me divertia muito nessa época", mas sim "eu teria me divertido muito nessa época" ou "nessa época eu era feliz" – a fala possui um contraste, um oposto escondido. Quando se diz "eu sou um nada", há uma referência a um tudo. Porque não existe nada sem uma referência do que é o tudo. Não existe feio sem a ideia do que é bonito, não existe impotente sem saber o que é potente. A fala do depressivo tem uma dupla afirmação: eu tinha e não tenho mais. Eu era de uma determinada forma e não sou mais. Eu vivi de tal jeito, mas não vivo mais. Já na frase "eu me diverti(a) muito nessa época" não temos como inferir que a pessoa não se diverte mais. É uma afirmação única.

O presente paralelo é o tempo do futuro do pretérito – "Eu poderia, eu faria"... Esse discurso atesta a existência de dois lugares: "eu não posso, mas poderia em outra circunstância, em outro lugar". A figura exemplifica esses dois lugares em duas linhas temporais paralelas. E duas linhas paralelas nunca irão se cruzar.

O futuro impossível também é idealizado, sendo assim inatingível. Já os futuros possíveis, o desfecho do emaranhado de possibilidades do presente, são insuficientes. Para o depressivo, o único caminho possível é aquele impossível. E para se movimentar, é preciso acreditar no potencial do sucesso. No entanto, no contexto de alguém em depressão, essa pessoa reconhece a impossibilidade desse sucesso e essa perspectiva se mostra coerente. Isso acontece porque o que ela anseia por alcançar parece não ter chances de sucesso. Assim, ela mantém uma conexão com o inatingível que pode imaginar em vez de aceitar o possível que está ao seu alcance, mas que não desperta nenhuma vitalidade. Não parece fazer sentido atravessar um rio para chegar em um lugar que não é o que você queria chegar. Na figura, eu desenhei como um caminho somente para ilustrar que não há mais diversas possibilidades, e sim uma só possibilidade. Justamente aquela que não tem como ser realizada.

Existem, então, duas linhas do tempo distintas. A situação do depressivo modifica não somente o presente, mas também o passado e o futuro, não sendo mais o mesmo de antes. O passado passa a ser idealizado e, assim, nasce um passado falso, inatingível mesmo se fosse possível voltar no tempo. Se o depressivo voltasse no passado e revivesse suas experiências, haveria uma sensação de estranheza de que não foi parar no tempo correto, como se estivesse em um multiverso, para usar um termo comum dos filmes de super-herói. Um lugar que parece real, sendo assim familiar, mas que também parece falso, gerando estranheza. Esse é o lugar que vive o depressivo: fora do lugar, em uma realidade não encontrada, na qual a comida não é a comida, o parceiro não é o parceiro. Como se estivesse no multiverso errado ou numa realidade virtual na qual está faltando algo para ser convincente. As coisas parecem ser o que deveriam ser, mas não são sentidas como tal e, assim, toda energia vital não está mais ali. Ficou presa em outra realidade que está em outra linha temporal. No fundo, na depressão, todo dia é como se fosse igual, desafiando a cronologia do tempo.

Um exemplo disso podemos ver na fala do ator Jim Carrey, conhecido principalmente pelas suas participações em filmes de comédia:

> Depressão é o seu corpo dizendo foda-se. Eu não quero ser esse personagem. Eu não quero segurar esse avatar que você criou no mundo. É demais para mim. Sabe? [...] O seu corpo precisa ficar depressivo. Precisa de descanso profundo do personagem que você está tentando interpretar (Tiff Originals, 2018).

O problema de se tornar um personagem da sua própria vida é se desconectar dela. O que se vive é a vida de um avatar, ao passo que essa vivência passa a não fazer mais sentido. Afinal, está-se vivendo uma vida que não é reconhecida como sua. O que Jim Carrey está dizendo em seu relato pessoal é que seu corpo anseia por autenticidade e se recusa a viver algo que considera falso.

É isso que é a depressão.

Desencontro.

Desajuste.

Distanciamento.

Desvinculação.

Descompasso.

Dissintonia.

Desconexão.

Quadro 2: *Problematizando estereótipos sobre a depressão*

Depressão não é excesso de expectativa e de frustração

Ela vai além de simples sentimentos de desilusão causados por expectativas não atendidas. Depressão não é excesso de frustração. É sentir-se em uma prisão na companhia da culpa de ter entrado ali e perdido a chave para sair. Podemos refletir sobre a existência de algumas condições para que uma pessoa se sinta em uma prisão e ainda ficar nela: a grade ser muito forte, ela se sentir muito fraca, ter algo a ser preservado estando nesse lugar ou considerar estar lá fora como ainda pior do que estar dentro. Nessas condições, nenhum caminho é possível. Portanto, não há o que ser feito (há sim outros caminhos, mas são percebidos como impossíveis).

Depressão não é excesso de tristeza

Precisamos desmistificar a ideia de que a tristeza é um sentimento perigoso que leva à depressão. Todo este livro é dedicado a demonstrar que, na realidade, ocorre exatamente o oposto.

Depressão não é falta de ambição

O depressivo é ambicioso. Importante falar disso para contrapor a fala de que "o depressivo é aquele que não quer nada. Falta motivação". Não é isso! Ele quer algo que está inacessível. Além disso, tem a preservação dessa ligação que exige que ele não se movimente.

Depressão não é covardia

Eu já ouvi isso. A pessoa depressiva estaria assim porque não tem coragem para viver a vida. Então, seria um covarde. Porém, penso que é injusto chamar uma pessoa depressiva de covarde. O depressivo é uma pessoa que não aceitou o desenrolar de sua vida. Alguém que rejeita a situação em que está, mas não tem forças para mudar a sua situação, seja porque essa mudança é realmente impossível, seja porque o depressivo a vê como impossível. E se algo é visto como impossível, faz sentido não desempenhar esforço para tentar transformá-lo. Se movimentar em direção a algum lugar exige, no mínimo, um pouco de esperança. Não podemos chamar de covarde uma pessoa que sente que para sair de seu lugar precisa lutar contra um leão sem armas e armadura.

Portanto,
Depressão é falta de maleabilidade. É perder a capacidade de transitar.
É ver-se em uma prisão sem a chave para sair dali.

Melancolia x Depressão

Gostaria de falar agora sobre um outro tipo de depressão. Enquanto nos manuais psiquiátricos os tipos de depressão são orientados em critérios objetivos como intensidade, duração ou até ciclo menstrual, a psicanálise, pautada pela clínica, diferencia a depressão de outro tipo de depressão, a melancolia por critérios mais complexos. Os sintomas delas são parecidos, mas sua diferença é clinicamente visível.

Como vimos, um dos principais indicadores clínicos da depressão é a paralisação do movimento, não se tratando de uma paralisação física, mas sim o movimento na condição de experimentar, do desejo, do ir e vir da vida. Quando a pessoa em depressão fala sobre sua perda, ela está se referindo à perda daquilo que já foi real algum dia, seja uma vivência, uma ideia ou um caminho futuro. Algo que foi importante e não está mais acessível. Assim, essa pessoa fica presa a um tempo que não se atualiza. A perda dela se dá em um tempo que não volta mais, mas que ela resiste a todo custo em mantê-lo vivo (Pinheiro, 2005). Como resultado, o processo de elaboração dessa perda fica estagnado e se instaura um passado que subjuga o presente e o futuro. Consequentemente, o discurso da pessoa em depressão permanece ancorado no passado e raramente projeta qualquer expectativa para o futuro, exceto a expectativa de que o futuro não será como o passado. Já o melancólico se percebe também como alguém que não tem lugar em nenhum futuro, mas de forma diferente. Enquanto o discurso da depressão é "eu já fui algo ou alguém e hoje não sou mais", o discurso melancólico se apresenta como "eu não sou e nunca fui nada". O detalhe é que a frase "eu não sou nada" está presente tanto na melancolia quanto na depressão, mas com sentidos distintos. Diferentemente da pessoa em depressão que perdeu algo, o melancólico fala de algo que nunca aconteceu. É a diferença entre o que morreu ("ter tido algo que já não existe mais") e aquele que não nasceu ("nunca chegou a existir"). A perda na melancolia é mais intensa, pois é uma perda daquilo que era para acontecer, mas não aconteceu. É algo que se percebe pela falta, sendo de outra forma inconcebível.

Tem algo faltando, mas não é algo que apareceu e foi embora. É algo que nunca deu as caras. É a falta de algo essencial, o que produz uma ferida ainda mais profunda do que na depressão. Assim, o melancólico nunca experimentou o apoio parental que formaria a base da sua capacidade de viver. Ele nunca recebeu o amor e o cuidado por parte dos seus cuidadores que pudessem alimentar seu amor-próprio. Seu suporte vital se tornou, então, extremamente frágil e dependente dos outros. O melancólico passa a se identificar com o vazio deixado pelo desinvestimento que foi realizado nele. Ele não teve o que perder para poder sentir saudade, para poder relembrar, para poder pensar que pelo menos um dia já foi possível o encontro com o que está faltando nele. Não é possível sonhar porque faltam muitas peças para se ter um mínimo de esperança. O melancólico é como um carro sem gasolina. Por fora está visivelmente funcionando, mas não tem forças para andar e está à mercê da energia do outro. Não à toa, ao longo da vida, essas pessoas passam a acumular histórias horríveis, repetindo as experiências dolorosas de violências passadas. Isso acontece porque essas pessoas não se sentem merecedoras do básico, não somente por culpa, o que poderíamos pensar na busca por uma punição, mas sim por serem desprovidas de valor. Consequentemente, essas pessoas se tornam extremamente vulneráveis. Então, vemos na melancolia a importância do que a psicanálise chama de narcisismo e eu estou aqui traduzindo como amor-próprio na função de proteção. Para se sentir merecedor de ser bem tratado é necessário que isso tenha ocorrido e que seja internalizado como um direito fundamental. É imprescindível ter amor-próprio para se posicionar diante da vida, lidar com o narcisismo dos outros e impor barreiras, evitando ser engolido pelo amor-próprio alheio.

Somente para ilustrar essa questão, as histórias de pessoas melancólicas muitas vezes envolvem a morte ou afastamento dos pais e a responsabilização da criação a pessoas que se sentem presas a uma função que veem somente como uma obrigação e acabam por não se apropriar desse lugar. Mas não se apegue a essa história. Pode não ter ocorrido nada tão trágico assim. O que realmente encontramos nesses casos é um sentimento muito primitivo de rejeição que gera uma ferida profunda no amor próprio da pessoa. Se na depressão o amor-próprio foi ferido, na melancolia ele foi despedaçado. Consequentemente, na história de vida dessas pessoas fica um buraco, um lugar não preenchido que assegura de forma precária a continuidade do sentimento de existência da pessoa. Na melancolia, há uma perda do que nunca se teve, daquilo que só é visível nas histórias dos outros. Assim, essas pessoas passam a se identificarem com o vazio que ficou. "[...] a sombra do objeto caiu sobre o ego (Eu)" – já nos contava Freud (1917/2006, p. 254).

Diferentemente do melancólico que não perdeu algo na sua história, mas perdeu-se na sua história, quando o depressivo fala de sua perda, ele refere-se a uma perda do que ele foi um dia, uma perda de si mesmo, uma perda assombrada pela efemeridade de uma imagem idealizada (Pinheiro et al., 2010, p. 161). O depressivo está preso a uma temporalidade que não se atualiza. A perda do depressivo se dá em um tempo que não volta mais, mas que ele resiste a todo custo em mantê-lo vivo (Pinheiro, 2005). No movimento da vida, o depressivo abdicou de sua participação. Ele se retira do campo das adversidades na tentativa de reverter os efeitos de uma importante perda que já ocorreu, e, em vez de entrar na briga, recua de volta para o abrigo do isolamento. Trata-se de uma defesa contra a perda, uma defesa que falha, mas que atinge seu propósito. Falha porque se instaura uma ferida aberta, algo que não sara, que não para de doer e fica exposta, desprotegida e nunca cicatrizada. Além de provocar uma dor intensa, que o envergonha. Por isso, o discurso depressivo e o discurso melancólico sobre si mesmo traz referência a um ser faltado e não faltante. Não alguém que reconhece que algo está faltando, mas que dispõe de potencial para correr atrás disso. Pelo contrário, na depressão o que falta só se encontra no passado e na melancolia, nem no passado.

Para esclarecer melhor, podemos usar a metáfora de uma pegada na areia de uma praia como exemplo. A pegada representa a marca, "a sombra", deixada pelo pé que ocupou aquele lugar. A marca da pegada faz com que pensemos no pé que já não está lá. Na depressão, esse pé se torna idealizado, pois não está mais presente para ser um pé com as falhas naturais de tudo que pertence ao mundo real. Se a marca é o traço deixado pelo pé que já esteve ali, a praia pode representar a pessoa. As pessoas se moldam por meio de experiências que compõem a sua história, assim como a praia é moldada pelos pés que deixam pegadas. Nessa metáfora, a pessoa melancólica é como uma praia deserta que não foi pisada, ou, no mínimo, as pegadas deixadas foram tão fracas que não deixaram uma marca clara. A pegada é quase imperceptível, tornando difícil determinar se a forma ali presente realmente veio de um pé. Por isso, a pessoa melancólica não sabe exatamente o que perdeu, porque os contornos das pegadas não foram bem definidos. A praia é rasa, sem silhuetas que compõem a sua história. Já a praia do depressivo é, portanto, uma praia que já foi exuberante em potencial. Ela já foi cheia e amada, e as pegadas ficaram marcadas em seus contornos. No entanto, essas pegadas ficaram marcadas de uma forma que nenhuma pegada deixada ali posteriormente se equipara às pegadas iniciais. A marca ficou de tal forma idealizada que nenhum outro pé pode deixar uma pegada igual. Permitir que outros pisem nesse terreno seria apagar a pegada que não pode ser apagada. Assim, a praia é fechada para visitantes na tentativa de preservar a existência de um tempo que não pode ser recuperado. A pegada representa o que foi perdido. O que a pessoa melancólica e a pessoa em depressão, de formas diferentes, resistem em perder.

Sobre não saber o que acontece

Quando descrevo aqui de forma didática sobre essa resistência em perder algo no processo depressivo, parece mais claro do que realmente é. Como se essa coisa que foi perdida fosse deliberadamente mantida em um pedestal e a pessoa que está nesse processo tivesse a nitidez do que está ali. Mas não é assim que acontece. O processo depressivo não tem essa clareza e, por isso, descrevi o que foi perdido como coisa perdida. Coisa: algo sem muita forma, de difícil descrição, multifacetado e complexo.

Quando aparecem os sintomas depressivos, junto surge uma nebulosidade em relação a toda a situação. Os sintomas são mais visíveis para os outros e seu impacto interno passa despercebido (Green, 2010, p. 67). Portanto, a autorrecriminação, por exemplo, torna a presença dos sintomas mais evidente para quem está de fora, mas não para o próprio indivíduo envolvido nesse processo, pois ele nega esses sintomas por meio de sua própria autodestruição. Talvez essa nebulosidade fique mais clara se pensarmos na anorexia. A anorexia é um transtorno alimentar caracterizado por uma preocupação excessiva com o peso corporal e uma percepção distorcida da própria imagem. Pessoas que sofrem de anorexia geralmente têm uma forte necessidade de emagrecer, fazendo esforços extremos para controlar a ingestão de alimentos e evitar ganhar peso, mesmo que já estejam muito magras aos olhos dos outros ou utilizando um critério objetivo como o peso na balança. Acredito que, em maior ou menor grau, o sofrimento quando é muito intenso tende a cegar a pessoa do próprio sentimento e de suas causas. Difícil dizer para uma pessoa que está explodindo de raiva alguma incoerência no seu pensamento ou fazê-la refletir, ponderar. É a mesma coisa aqui na depressão. Então, se estamos falando de uma perda pessoal, a pessoa em depressão não tem clareza sobre o que perdeu e nem como enfrentou essa perda. Talvez saiba uma parte do que foi perdido, mas não o que se foi junto do que foi perdido (Freud, 1917/2006, p. 277).

Vemos um exemplo no relato autobiográfico presente no livro de Solomon (2014), *O demônio do meio-dia*. Solomon (2014) relata que se identificava com uma árvore que foi gradualmente consumida por uma trepadeira que se envolveu completamente na estrutura dos galhos da árvore. De longe, suas folhas pareciam ser as da própria árvore, controlando e restringindo a sua anfitriã. Solomon (2014, p. 18) relata que

> [...] ela me sugou, uma coisa que se embrulhara à minha volta, feia e mais viva do que eu. Com vida própria, pouco a pouco asfixiara toda a minha vida. No pior estágio de uma depressão severa, eu tinha estados de espírito que não reconhecia como meus; pertenciam a depressão.

A metáfora dá a entender a depressão e a melancolia como algo externo, que suga a energia vital de seu hospedeiro. Contudo, a trepadeira reside internamente. Ainda mais se pensarmos nos sujeitos depressivos considerando como eles se apresentam ao nosso olhar. O que se vê é somente o sintoma. Onde está essa trepadeira que lhe suga sua vitalidade? Essa metáfora só faz sentido para uma pessoa que, em contato com seu sintoma, reconhece seu lugar, mas não o processo que o coloca ali e, consequentemente, o projeta para fora na forma da trepadeira. Na depressão, nada está claro. Muito pelo contrário. Quanto maior o sofrimento, mais provável é de as causas e circunstâncias do adoecimento ficarem mais obscuras. O próprio Solomon (2014) corrobora essa ideia descrevendo a depressão como o sofrimento emocional que se impõe sobre nós contra a nossa vontade e depois se livra de suas circunstâncias exteriores. Ou seja, ele percebe os sintomas, mas não encontra justificativa para eles. Consequentemente, os sentimentos de pesar, tristeza ou vazio se apoderam da pessoa sem lhe dar a cortesia do motivo de sua presença e de forma desproporcional às circunstâncias.

Para adequar essa metáfora da árvore à metáfora da praia, podemos dizer que não é uma trepadeira externa que suga as energias da pessoa. É a sua própria semente. A semente, representante da árvore jovem com milhares de caminhos possíveis de serem atingidos, é o passado idealizado da árvore e, se a árvore cresce, sua semente inicial morre nessa transformação, pois dá lugar a uma árvore que entra no ciclo da vida. O melancólico é a árvore que se formou a partir de uma semente que nunca foi regada, enquanto no depressivo a semente permaneceu ligada à árvore que brotou. Uma semente que teve seu auge no momento em que suas condições ambientais estavam perfeitas para que fosse projetada virtualmente uma árvore gloriosa. Contudo, a árvore que brotou vive na sombra da árvore gloriosa que só existe virtualmente, incapaz de receber a luz do sol necessária para realizar a fotossíntese e gerar energia. É uma árvore que está viva, mas não se desenvolve, não cresce, não se transforma.

Portanto, o sentimento de uma perda é bastante presente na depressão e na melancolia, mas aqueles que a sofrem não conseguem saber a causa do que os faz sofrer, nem o processo que os coloca nessa situação. Isso os torna vulneráveis a sofrer intensamente enquanto lutam para entender as raízes de sua própria angústia. A falta de clareza sobre a fonte do sofrimento torna difícil para eles lidarem e superarem os desafios emocionais que enfrentam diariamente. Além disso, essa vulnerabilidade pode criar um ciclo interminável de tristeza, desespero e autorrecriminações, pois a sensação de impotência diante de suas próprias emoções é avassaladora. Nesse estado de vulnerabilidade, essas pessoas podem se encontrar em uma busca constante por respostas, tentando decifrar o que está errado com eles e por que estão se sentindo dessa maneira. Esse processo de autoquestionamento profundo muitas vezes leva a uma sensação de isolamento, já que é difícil para eles se conectarem verdadeiramente com os outros quando há um distanciamento tão grande entre seu próprio estado emocional e o que é percebido no estado emocional dos outros. Estou falando aqui, por exemplo, do estado emocional da depressão ter pouco lugar nas redes sociais, nos discursos da família, nas rodas de conversa. Não é à toa que muitas pessoas depressivas comumente chegam à conclusão de que ninguém entende o que elas estão sentindo. Não é à toa que muitas pessoas depressivas se isolam com a ideia de que possuem uma doença contagiante e falar sobre seus sentimentos poderá causar mal a outras pessoas. Quando elas falam, já pedem desculpas por estarem fazendo algo tão repugnante como falar sobre seus sentimentos. Assim, vai se estabelecendo um quadro perigoso de confinamento, uma prisão.

Para nos aprofundarmos nesse assunto, eu quero trazer aqui um filme que eu, particularmente, gosto muito! É um filme que consegue ser riquíssimo em complexidade e ainda ser um filme infantil. *Divertida Mente* (*Inside Out*) é um filme de animação da Pixar, lançado em 2015. O filme é dirigido por Pete Docter e Ronnie del Carmen. A história se passa na mente de uma criança chamada Riley, explorando suas emoções fundamentais: Alegria, Tristeza, Raiva, Nojo e Medo, que são personificadas como personagens dentro da cabeça dela. O enredo gira em torno das interações dessas emoções enquanto Riley enfrenta mudanças significativas em sua vida, como se mudar para uma nova cidade. A história destaca a importância de todas as emoções na formação da personalidade e no processo de crescimento emocional.

O filme aborda temas complexos de uma forma acessível para o público de todas as idades, explorando questões sobre a complexidade das emoções humanas e como elas moldam nossas experiências e perspectivas. No filme, a personagem Tristeza desempenha um papel crucial na narrativa. Ela é uma das emoções fundamentais na mente de Riley, ao lado de Alegria, Raiva, Nojo e Medo. Porém, enquanto todas as emoções possuem uma função, a Tristeza, inicialmente, é percebida como uma emoção negativa, sem função e que deve ser evitada. Nesse momento, a Tristeza é como uma personagem doente que tem a capacidade de contaminar emoções alegres, precisando ficar isolada, já que a personagem Alegria, que é a emoção principal e líder da equipe da cabeça da Riley, tenta mantê-la sempre feliz.

No entanto, à medida que a história se desenrola, o papel da Tristeza vai ficando cada vez mais claro. Quando o Bing Bong (outro personagem da cabeça da Riley) fica triste, pois houve uma mudança (a Riley cresceu e não quer mais brincar com ele), a Alegria tenta ajudá-lo com suas ferramentas e não consegue. A tristeza aparece e lhe diz "uma coisa que você amava se foi" e inicia uma conversa com ele resgatando memórias felizes que hoje são tristes por serem inacessíveis e que nunca irão se repetir. A Alegria fica assustada, pedindo para a Tristeza parar, mas ela continua. Bing Bong e Tristeza choram juntos e em seguida voltam a ter energia para seguir a jornada. Esse momento (e alguns outros) demonstra claramente a função da tristeza e a disfunção da alegria fora de contexto. O saudável está na harmonia dos sentimentos com a situação vivida. Veja, ninguém quer ficar triste. Eu não estou falando que as pessoas devem procurar a tristeza. O que eu estou falando é que ela vai te encontrar. Se você coloca toda a tristeza em um quadradinho e a impede de sair de lá, não vai funcionar. A tristeza vai dar um jeito de aparecer. Afinal, não é ela que está contaminando tudo por aí, como a alegria pensa estar no início do filme. A tristeza está fazendo um processo de reparação daquilo que já está contaminado. Quando a Tristeza não pode fazer o seu trabalho, surge o vazio e a perda de sentido tão característica da depressão. Por isso é tão importante a gente diferenciar a tristeza do vazio. No filme, o vazio não é um personagem, ele é o que fica quando a Tristeza e a Alegria saem do centro de comando da mente da Riley. O vazio é o que resulta da falta de um trabalho feito pela Tristeza. Esse trabalho providencia sentido, traz a pessoa para uma verdade que, por mais que seja ruim, acalma. E aquilo que é percebido como falso é sempre visto com estranheza, dando uma assombrosa sensação de não pertencimento, de que algo está errado. Na depressão, essa "sensação" perdura por tanto tempo que a pessoa passa a se sentir muito distante do mundo vivido pelos outros e se ressente por ter encontrado tal destino.

Isso não acontece no filme. Antes disso acontecer, Alegria e Tristeza se unem para reencontrar a família da Riley e reativar as ligações afetivas que ela possui com as coisas que gosta, trazendo-a para uma nova realidade que carrega elementos do passado e os reencontra em novos elementos no futuro. Como fazer parte do time de hockey da cidade. Essa reviravolta acontece quando a personagem principal entende que não pode encontrar o que já se foi, mas sim revisitar essas experiências no lugar que lhes é devido: a memória. Ao manter a memória acessível, sem sobrepor ao espaço das novas experiências, ela consegue recomeçar sua vida com o passado, o presente e o futuro em paz.

O filme inteiro é sobre como uma mudança tem impacto na vida de uma pessoa quando ela não está bem ajustada para lidar com as mudanças. Mudanças são tranquilas de se lidar normalmente, até que alguma não é, por algum motivo pessoal. Algumas dessas mudanças são claras, como um evento grande, a morte de alguém ou a mudança de cidade. Mas outras não são claras, o que mudou e o isolamento da pessoa vão só aumentando. No filme, a trama se desenrola quando os personagens da cabeça da Riley não entendem o porquê de terem se mudado, já que a vida em São Francisco era tão boa. Nem o telespectador sabe o porquê direito. Há um indício de ser algo relacionado ao emprego do pai que não está indo tão bem, mas nada fica claro. E nessa condição de ter mudado, se distanciado de amizades, trocado de casa e de cidade, a alegria briga com a tristeza e quem assume o comando é a raiva, pois ela ganha força diante da sensação da Riley de ter sido injustiçada por ter perdido tanta coisa sem saber o motivo.

Lidando com as próprias dificuldades e a do pai da Riley, sua mãe transparece para Riley que, apesar do momento difícil, ela precisa encontrar a felicidade: "Se você sorrir comigo, vai ajudar bastante o seu pai". Ao fazer isso, o que impera é a solidão. A depressão e a solidão andam juntas, pois a solidão é o distanciamento, o desencontro do meio. Mesmo perto dos outros, ao não compartilhar o que se sente, surge a solidão. Inclusive, no filme, há a menção à solidão quando a alegria e a tristeza tentam pegar um atalho para o trem.

Novamente, não estamos aqui falando em uma depressão propriamente dita, pois a Riley ainda está muito ativa e acreditando que pode recuperar o que perdeu, inclusive, fugindo de casa para voltar à casa antiga. Não vemos a autorrecriminação também, o que vemos é a idealização e uma incapacidade de se sentir feliz ou triste. O personagem da Tristeza mostra sua preocupação de que sem Alegria a Riley nunca poderia ser feliz. Nessa parte do filme, ainda não está claro qual a função da Tristeza, então não questiona a falta que ela faz para a Riley. Mas no final do filme, mostra-se a função da Tristeza, demonstrando que a Riley fica depressiva não só quando a Alegria some, mas quando a Tristeza também some. Sem a Tristeza na sala de comando, a Riley não pode ficar triste, fazer o luto do que acabou de perder e o sentimento que reina é o vazio, que é tanto a ausência de alegria quanto a ausência de tristeza. Em uma depressão profunda, a Alegria está sem vida, a Tristeza se foi, a Raiva declarou derrota, o Nojo virou-se contra si mesmo e o Medo ou está no comando ou até ele jogou a toalha. Acredito até que o Medo seja o último a desistir, e quando isso acontece, estamos falando de um lugar perigosíssimo, pois se nem medo se sente mais, haverá poucas barreiras para lidar com os pensamentos suicidas.

Assim, o sentimento característico da depressão não é a tristeza, e sim o vazio e o sentimento de resignação que o sucede. Resignação é submeter-se passivamente ao seu destino. Desligar todos os motores do barco e deixar ele seguir para onde o mar levar. O sentimento de resignação é aceitação passiva ou submissa de uma situação vista como muito difícil ou impossível. Ele é acompanhado de uma sensação de desesperança, desamparo e impotência para mudar ou melhorar essa situação. É quando uma pessoa se submete a viver com algo que não gosta ou não pode mudar, aceitando-o como inevitável ou inalterável. É importante notar que a resignação não é a mesma coisa que a aceitação saudável. A aceitação saudável envolve reconhecer e lidar ativamente com uma situação, enquanto a resignação implica uma rendição passiva diante das dificuldades.

Nesse sentido, depressão e tristeza não são diretamente proporcionais e sim inversamente proporcionais. Não é quanto mais tristeza, mais a pessoa entra na depressão; e sim o contrário. **Sentir a tristeza é uma capacidade antidepressiva.** A tristeza é a responsável pelo trabalho de nos ligar e nos desligar de algo, nos tornando livres para caminhar pela vida. Mas vale ressaltar que estou falando que quanto mais capacidade para lidar com as tristezas da vida, mais longe da depressão se está, e não quanto mais coisas que te deixam triste da sua vida você tiver, mais longe da depressão se está, ok?

Quando defendo a Tristeza, não é somente na ideia de ela ser inevitável e também na ideia de que só há Alegria se existir seu contraponto que é a Tristeza. Por isso, **Tristeza e Alegria não são opostas, mas aliadas.** No final do filme fica clara a parceria da Tristeza com a Alegria. Sem a Tristeza, vemos uma Alegria que não quer esquecer as memórias, mesmo as obsoletas, não quer perder nada, não quer que nada mude. A Alegria absoluta é utópica, ideal, maníaca, inconsequente, fugaz, kamikaze. Portanto, a maioria dos sentimentos envolve interações entre as emoções. No final do filme isso fica evidente nas memórias multicolores, diferente das memórias que só possuem uma cor no início do filme. A saudade é um bom exemplo da interação da tristeza com a alegria. A saudade é alegre por ter vivido um momento tão bom que gostaríamos de revivê-lo, mas é triste por não poder fazer isso completamente. Podemos, contudo, relembrar, reviver de outras formas, compartilhar. Coitada da pessoa que não sente saudade de nada! Por isso, digo que o depressivo não é saudosista. Ele não quer rememorar, ele quer que nada mude, como a personagem da Alegria. Percebe a aproximação da depressão com a Alegria e não com a Tristeza, ao contrário do que se diz por aí? Todas as sensações e os sentimentos envolverão em algum grau um pouco de cada emoção. Ganhar um presente, fazer uma festa, ter um orgasmo etc. Quando uma emoção não tem lugar de ser, aí mora a doença mental. Portanto, **viva a Tristeza! Viva!**

E aqui vai um pouco de Samba para celebrá-la:

Quadro 3: *Trecho da música "Samba da Benção" de Vinícius de Moraes (2019)*

Samba da Bênção – Vinicius de Moraes

É melhor ser alegre que ser triste
Alegria é a melhor coisa que existe
É assim como a luz no coração

Mas pra fazer um samba com beleza
É preciso um bocado de tristeza
É preciso um bocado de tristeza
Senão, não se faz um samba não

Senão é como amar uma mulher só linda
E daí? Uma mulher tem que ter
Qualquer coisa além de beleza
Qualquer coisa de triste
Qualquer coisa que chora
Qualquer coisa que sente saudade

Um molejo de amor machucado
Uma beleza que vem da tristeza
De se saber mulher
Feita apenas para amar
Para sofrer pelo seu amor
E pra ser só perdão

Fazer samba não é contar piada
E quem faz samba assim não é de nada
O bom samba é uma forma de oração

Porque o samba é a tristeza que balança
E a tristeza tem sempre uma esperança
A tristeza tem sempre uma esperança
De um dia não ser mais triste não

[...]

A vida é arte do encontro
Embora haja tanto desencontro pela vida

Figura 4: QR Code com link para vídeo "Samba da Benção" de Vinícius de Moraes. (2019). YouTube.

Celebrando a Complexidade Emocional

A jornada da vida é pavimentada por uma complexa tapeçaria de emoções, em que a tristeza se entrelaça com a alegria, o medo dança com a coragem e a raiva se mescla com a compaixão. Só assim se faz um bom samba! Esse intrincado tecido emocional evidencia a importância de vivermos cada sentimento, incluindo aqueles que muitas vezes tentamos evitar, como a tristeza. Afinal, é na vivência das emoções que encontramos uma real conexão com aquilo que é verdadeiro para nós. Ao abraçar a tristeza e outros sentimentos que muitas vezes consideramos indesejáveis, concedemos a nós mesmos a oportunidade de crescer e evoluir. É fundamental compreender que a tristeza não é um sinal de fraqueza, mas sim um eco profundo de nossa humanidade. Cada lágrima derramada conta uma história, uma narrativa que merece ser ouvida e compreendida.

Nós precisamos voltar a validar as nossas emoções e sentimentos. Inclusive, retomar a complexidade das emoções. Isso quer dizer ligar os aspectos físicos das emoções aos elementos sociais e psicológicos. Me espanta um relato de uma pessoa que me conta que se sentiu taquicárdico. Taquicardia é caracterizada pelo batimento acelerado do coração. Um traço objetivo do que é a real emoção por trás. As emoções e os sentimentos são muito mais complexos: medo, remorso, culpa, insegurança, estranhamento, desejo, excitação, temor, tédio, empatia, dúvida, nojo, encantamento, nostalgia, satisfação, adoração, admiração, ciúmes, inveja, tristeza, surpresa, alegria. Portanto, não pare na fala "eu tenho ansiedade" e "eu estou estressado". Está assim por quê? Como? Quando? Onde?

Digo isso porque nós vivemos em uma sociedade que tende a individualizar o sofrimento e, assim, as emoções passam a ser as vilãs. Ao invés de nos perguntar o que está me fazendo sentir triste, o que tira o meu sono à noite, o que está te deixando ansioso, as emoções passam a ser algo que deve ser prevenido para não sofrer. Ao responsabilizar individualmente a pessoa por essas emoções inevitáveis, elas acabam realmente se transformando em sofrimento e inicia-se uma luta para evitá-las. Uma luta em que nós já sabemos quem sairá vencedor.

No entanto, se reconectar com suas emoções não significa se entregar a elas e ser subjugado pelos sentimentos. Surge aqui a importância de desenvolver ferramentas, portos seguros e outros recursos essenciais que nos ajudam a navegar pelas águas turbulentas das nossas emoções. Esses portos seguros são como pilares que nos mantêm firmes diante das tormentas emocionais, permitindo-nos enfrentar os desafios da vida. Desenvolver esses portos seguros implica, em primeiro lugar, reconhecer a validade de cada emoção e aprender a lidar construtivamente com elas. É compreender que a tristeza nos convida à introspecção, a coragem nos impulsiona para a ação, o medo nos alerta para os perigos reais, e a raiva nos motiva a lutar pela justiça. Assim, a coragem não é ausência de medo, mas sim a capacidade de avançar apesar dele. E quando nos falta coragem, muitas vezes é porque percebemos o perigo à frente. Um alerta difícil de decifrar se se trata de um perigo real ou apenas uma projeção de nossos receios internos. Dessa forma, o corajoso pode ser somente o imprudente, o inconsequente.

Da mesma forma, reconhecer-se como uma pessoa explosiva não é um sinal de fraqueza emocional. Pode ser uma indicação de que estamos em situações que consideramos injustas ou indignantes. Aqui, a saída reside em explorar alternativas construtivas para expressar a raiva, de modo a não violar o direito de outras pessoas e conseguir transformá-la em um catalisador para uma mudança positiva, ao mesmo tempo que trabalha-se para criar condições para uma mudança dessa situação. Se as emoções têm lugar de ser, e cada uma delas carrega consigo uma mensagem valiosa, **o desajustado nem sempre é o doente.**

Veja, o depressivo é aquele que de alguma forma não se adaptou à sua realidade, certo? Porém, é sempre importante lembrar que a pessoa em depressão não é simplesmente um desajustado incapaz de se adaptar. Não podemos individualizar toda a problemática depressiva. Por algum motivo, houve esse desencontro e esse motivo pode tanto ser por uma indisponibilidade a se adaptar por um apego a algo que morreria com essa adaptação, por medo ou porque a realidade atual é inaceitável. Afinal, existem sim realidades a que não devemos nos adaptar. Por exemplo, realidades recheadas de assédio, discriminação, exploração, violência e intolerância.

Se o vínculo do depressivo é com uma realidade diferente da dele, não podemos nunca esquecer o que essa afirmação significa. Uma parte da questão é realmente reconhecer que a realidade do depressivo é insuficiente para ele. Ou seja, não basta que os sintomas melhorem, é necessária uma mudança de cenário. As insatisfações do depressivo não podem ser simplesmente descartadas e consideradas inválidas por causa da depressão. O que comumente é necessário é uma readequação das insatisfações a um cenário que seja possível de ser realizado. Adaptação das ideias e não aniquilação. Caso contrário, diante do medo da aniquilação de algo tão precioso para o depressivo, ele vai resistir e lutar na tentativa de preservar o que está sendo ameaçado (e ele tá errado? Não tá!). Para que possa surgir uma solução realizável entre o ideal perfeito e seu oposto, é essencial ouvir a queixa da pessoa em depressão.

Então não se trata de se contentar com a realidade e aprender a se adaptar. Não é isso! Necessariamente terá que haver alguma mudança na realidade da pessoa. Senão seria muito fácil. Era só um "aceita que dói menos" e acabou. Não é assim. O depressivo precisa realmente encontrar um lugar no mundo para pertencer novamente e isso quer dizer encontrar uma resolução diante do cenário atual. Afinal, ele está o tempo todo nos comunicando: isso aqui não serve para mim. Portanto, a problemática depressiva carrega consigo uma denúncia de que a mera supressão de seus sintomas, a remoção de comportamentos indesejados não significa realmente uma melhora estável no quadro clínico da pessoa.

O que estou dizendo é que nunca podemos ver a depressão como uma patologia de causa biológica e tratamento meramente farmacológico. Veja um exemplo: *Cientistas descobrem remédio que "cura" depressão em um dia* é o título da matéria publicada eletronicamente na revista *Exame* da editora Abril (2015). A matéria cita um estudo de autoria de Scott Thompson, presidente do Departamento de Fisiologia da Escola de Medicina da Universidade de Maryland, nos Estados Unidos, realizando uma propaganda de um medicamento que pode melhorar os sintomas da depressão em apenas 24 horas.

Independentemente da eficácia do remédio, o título da matéria demonstra um corrente pensamento disseminado em parte da nossa sociedade. Além da promessa de uma eficácia infalível – curar a depressão em um dia – há aqui a noção de que a depressão é algo que se tem, verbo comumente utilizado para se caracterizar a pessoa depressiva, "eu tenho depressão". Desqualifica-se a relação da depressão com a subjetividade do ser humano, como se a relação causal fosse do biológico até atingir o psicológico. Está ausente nessa corrente lógica a possibilidade de uma causalidade inversa, do psicológico até atingir o corpo ou, no mínimo, uma multicausalidade. Correlação e causa parecem aqui ser a mesma coisa, dispensando dessa análise toda a riqueza da complexidade do ser humano. E assim, nessa lógica que reduz o ser humano a coadjuvante em seu processo depressivo, o remédio pode ser suficiente para "curá-la". A busca pela solução mágica, por meio da medicação, carrega a crença de um tratamento sem angústia, em que a pessoa não precisa participar de forma ativa (e por isso parece tão sedutor) (Moreira, 2008).

Verdon (2008) corrobora esse posicionamento ao criticar uma campanha nacional de informação sustentada pelo Ministério da Saúde e o Instituto Nacional de Prevenção e Educação da Saúde

(INPES) da França intitulada *A depressão: saber meios dela para dela sair.* Nela está presente a noção de depressão como doença na qual a pessoa deprimida "não é responsável por seu estado". "Vocês exigiriam de uma pessoa que contraiu gripe impedir-se de ter febre?" – questiona a campanha. Por mais que a campanha visasse sensibilizar o público a respeito dos sofrimentos psíquicos dessas pessoas para que estas não fossem negligenciadas, está presente aqui a noção de depressão reduzida a um elemento parasita exterior, como no caso da gripe, que assinala a passividade da vítima que nada pode fazer. O objetivo terapêutico, então, só poderia ser estabelecer o diagnóstico, localizar os sintomas para suprimi-los e torcer para que não reaparecessem. A crítica fundamental de Verdon é a de que as doenças da mente estão vinculadas a toda a complexidade envolvida nos processos que constituem a subjetividade. Assim, não devemos considerar apenas as susceptibilidades das pessoas ao adoecimento, mas também as resistências à mudança e à melhora. É dessa forma que podemos situar a "perturbação do humor" como integrante de um processo que vai além do biológico, podendo adquirir significado para a pessoa e contribuir para as mudanças em sua vida.

Seguindo essa lógica, Dunker (2009) destaca a ideia de que cada sintoma reflete um processo psíquico em andamento, não somente apresentando o problema em questão, mas também sinalizando um caminho para a sua solução. Assim, a eficácia do medicamento na supressão dos sintomas está na realização "por outras vias" de um trabalho ou função que o organismo ou o sujeito poderiam fazer em condições normais. Quando se introduz o medicamento sem fornecer meios para que a pessoa recupere a possibilidade de realizar esse trabalho, produz-se uma espécie de "efeito colateral", uma "atrofia" das já debilitadas funções psicológicas (pp. 59-60).

Nesse sentido, a busca pelo bem-estar e o alívio das tensões que acometem o dia a dia são insuficientes para "combater" a depressão. A mera supressão dos sintomas nesse caso somente os posterga, mascarando o que irá continuar existindo de forma escondida. Para fins ilustrativos, imagine um paciente com uma cárie dentária, na qual ele só sente a dor e os dentistas que ele procurou tratamento não encontraram nenhum indício dela. Logo, o paciente passa a se utilizar de um remédio para a dor. O sintoma pode desaparecer, mas a dor da cárie se fará presente sempre que o remédio não puder suprimi-la. Mesmo o remédio sendo importante em diversas ocasiões em que "a dor da cárie" se opõe à capacidade da pessoa de viver e investir afetivamente, inclusive em um tratamento. Sem implicação subjetiva, não há solução mágica que possa providenciar um prognóstico positivo e duradouro.

Portanto, o remédio pode ser um aliado no tratamento da depressão, mas mal utilizado pode sim ser um vilão. Se for utilizado de forma isolada, pode levar a uma dependência contínua dos medicamentos sem abordar efetivamente as raízes do problema. Também não podemos esquecer que muitos antidepressivos têm efeitos colaterais significativos, que variam de pessoa para pessoa. Isso pode incluir ganho de peso, problemas gastrointestinais, alterações no sono e, em alguns casos, efeitos mais graves. Mas acima de tudo, não podemos esquecer a natureza psicológica e social dos sintomas depressivos. O tratamento da depressão não pode visar somente diminuir os sintomas da depressão, senão ele será somente uma anestesia farmacológica.

Veja bem, há um paradoxo notável no uso de medicamentos para tratar a depressão. Dependendo do nível de culpa que alguém carrega, a pessoa pode resistir ao estado de bem-estar induzido pelo remédio. Nesse contexto, um efeito aparentemente positivo pode ser interpretado como negativo. Além da culpa, outros fatores contribuem para esse paradoxo, como a desconexão entre a sensação real e a percebida. Por exemplo, mesmo que a pessoa não se sinta bem, seu corpo parece indicar o contrário, criando um descompasso entre mente e corpo.

Para essas pessoas que vivenciam um desencontro com o tempo, adicionar a desconexão com o próprio corpo amplia ainda mais a complexidade da situação. Nos casos mais graves ou intensos, o descompasso é tão acentuado que ocorre uma verdadeira dissociação entre as sensações corporais e mentais. Em termos simples, o corpo e a mente parecem estar fora de sintonia.

Quanto mais próximo estiver o alinhamento entre corpo e mente, melhor o medicamento pode agir. Em situações de descompasso mais leve, o remédio pode proporcionar uma resposta mais eficaz. Por outro lado, em casos de descompasso mais acentuado, a sensação de anestesia pode se intensificar. E olha, a anestesia é necessária em alguns momentos, como tomar aquele remédio SOS que o médico passou caso a situação estivesse gravíssima. No entanto, em situações menos graves, o uso excessivo de anestésicos pode ter efeitos prejudiciais por aumentar o desencontro da pessoa em depressão. O exemplo que me vem à cabeça é de uma pessoa no meio de uma guerra. Caso ela esteja anestesiada de alguma forma, a sensação pode ser terrível. Enquanto se tem consciência de estar no meio da batalha, há uma desconexão – você reconhece que algo está errado, mas não sente como se estivesse verdadeiramente envolvido na guerra. E aí, você estará mais em perigo do que se não estivesse anestesiado.

Concluindo, as emoções têm razão de ser. Pode ser que a angústia que você sente no seu trabalho que te faz se martirizar por não conseguir trabalhar direito e prestar atenção não tenha nada a ver com TDAH, depressão ou ansiedade. Talvez o seu trabalho seja uma bosta. Talvez você esteja sofrendo assédio e nem se deu conta disso. Talvez seja algo relacionado a algum preconceito ou racismo. Talvez você se sinta explorado. Talvez você sinta que está desperdiçando a sua vida fazendo algo que não te desafia intelectualmente. Talvez você não veja sentido no que faz.

E como saber se isso tudo está acontecendo? Quando se sente mal e o termômetro indica que você está com febre, você vai ao médico procurar tratamento, não é? É a mesma coisa. Só que agora a febre são as emoções. Mais difíceis de entendê-las do que algo mensurável como o aumento da temperatura corporal, mas totalmente possíveis de dar os indicativos necessários para compreender a relação da vida que você leva com seus desejos, aspirações e ambições. Para que isso aconteça é importante que as emoções possam ser vistas também como consequência e não causa do seu sofrimento. Não inimigas que estão ali só para te causar dor, mas amigas que estão lá para te passar aquela importante mensagem que você não queria ter que ouvir: tem algo de errado com a sua vida. E é aqui que entra a terapia. É aqui que mora o espaço possível para retomar a capacidade de adaptação que foi dilapidada no processo depressivo. Veja, o depressivo possui um desafio muito grande para sair de sua situação. Quanto mais tempo se passa na depressão, maior o desafio, pois a vida torna-se cada vez mais distante daquela na qual ele está vinculado. E assim, a pessoa fica cada vez mais distante do seu meio (que é onde podemos realizar as mudanças) e menos se tem acesso às ferramentas necessárias para lidar com a vida. Por falar em ferramentas, é importante destacar a parte social que contribui para que essas ferramentas sejam tão mal lapidadas de uma forma geral.

FATORES SOCIAIS QUE CONTRIBUEM PARA O PROCESSO DEPRESSIVO

Desafios da adaptação social: Liberdade x Segurança

Vamos começar essa parte fazendo uma viagem a 1930. Nessa data, Freud (1930/2006) publicou um de seus emblemáticos textos: *O Mal-Estar na Civilização*. Nessa obra, Freud explorou questões profundas sobre a natureza da sociedade humana e os conflitos inerentes à vida civilizada. Para ele, existia sempre um mal-estar ou um conflito social porque a sociedade preparava seus cidadãos para ir ao polo Sul com trajes de banho e mapas da Itália. O que ele estava querendo dizer é que, na sua época, a educação social dos jovens apresentava duas falhas significativas. Em primeiro lugar, ela escondia a importância da sexualidade em suas vidas, privando-os de um conhecimento essencial para o futuro. Além disso, a educação não os preparava adequadamente para lidar com suas emoções humanas (em especial a agressividade), deixando-os despreparados para os desafios que enfrentavam. Para piorar, esperava-se que os jovens fossem virtuosos, ou seja, que se portassem dentro de padrões éticos e morais, sem reconhecer que muitos não atendiam a essas expectativas. Para Freud, seria mais adequado se a educação dissesse: este é o ideal de comportamento para se alcançar a felicidade própria e alheia, mas vocês precisam entender que nem todos agirão dessa forma. No entanto, os jovens eram induzidos a acreditar que todos os outros seguiam essas exigências éticas e eram virtuosos. Isso levava à expectativa de que eles também deviam se tornar virtuosos, o que é uma pressão injusta e irrealista (Freud, 1930/2006).

Há duas afirmações importantes nessa citação do Freud:

- O objetivo da vida é ser feliz e as outras pessoas são.

- Há formas corretas de ser para encontrar a felicidade, e as outras pessoas as seguem.

Bom, talvez você já concorde comigo de que a vida é cheia de caminhos e não existe um deles que seja o melhor de todos. Se estamos falando de um ideal, o melhor seria que não se esperasse socialmente que as pessoas seguissem um caminho específico. Deixemos que cada pessoa busque o caminho que mais seja adequado ao que ela espera da vida. Talvez o que o Freud estava dizendo é que a sociedade sempre dita o que deve ser feito às pessoas e, para ele, era inconcebível que ela deixasse de fazer isso. Dessa forma, o ideal só poderia ser que a sociedade esperasse algo das pessoas, mas já aceitando que será impossível que elas cumpram essa expectativa. Como bom psicanalista, o ideal do Freud já era podado para ser adaptável minimamente à realidade.

Por mais que Freud tenha escrito tudo isso em 1930, hoje acontece algo parecido. O que mudou foi o que se espera das pessoas, mas o processo segue a mesma rotina: é assim que se deve ser para encontrar a felicidade e outras pessoas são felizes porque seguem esse protocolo. Portanto, o que se esperava das pessoas na época de Freud era a renúncia à sexualidade, à agressividade, aos desejos pecaminosos. Em contrapartida, a pessoa encontraria a felicidade por meio da virtude. Como isso não se efetivava e, ainda, acreditava-se que outras pessoas conseguiam seguir todas as exigências sociais e serem felizes, surgia a culpa e o conflito moral característicos da neurose.

Hoje, o ideal social é diferente. O que se espera das pessoas está muito mais relacionado não à promessa da virtude como fonte de felicidade, mas à promessa da potência, da performance, do consumo, do movimento como fonte de felicidade (Kehl, 2009; Charles & Lipovetsky, 2004). Vemos uma valorização da mudança, da reforma e da adaptação. Em todos os lugares, a ênfase recai na necessidade constante de movimento, uma hiperatividade guiada pelo imperativo da eficiência e pela urgência de sobrevivência (Charles & Lipovetsky, 2004, p. 56). Assim, quando a ênfase está no movimento, os indivíduos contemporâneos sentem-se compelidos a permanecer constantemente ativos e adaptáveis, sob o risco de serem superados e marginalizados. E quanto mais imprevisível for o futuro, mais é necessário que ele seja mutável, flexível e permanentemente pronto para mudar. Isso resulta na cultura do "mais rápido" e "sempre mais" – mais rentabilidade, mais desempenho, mais flexibilidade e mais inovação, mas que pode transformar a vida em algo sem sentido e significado (Charles & Lipovetsky, 2004, pp. 56, 57).

Essa necessidade de metamorfose constante reflete a busca incessante pelo que é socialmente prometido, mas nunca plenamente alcançado. Pellegrini (2009) sugere que esse comportamento é fundamentado na promessa de preenchimento de um vazio existencial que nunca se concretiza. A busca pela plenitude a partir do novo é uma jornada que nunca encontra conclusão, instaurando um ciclo incessante na busca do inatingível. Esse processo contínuo pode levar à abertura da porta para a depressão, convidando os indivíduos a entrar, enquanto uma voz sussurra: "Você é o único que não consegue, os outros conseguiram". Mesmo quando se alcança o sucesso, questiona-se se essa vitória é verdadeiramente satisfatória ou se perdeu o sentido por não ter encontrado o que foi prometido (Kristeva, 2002; Pellegrini, 2009).

E o sentido é o que torna algo verdadeiro ou falso, rico ou vazio. Quando falamos em tornar algo verdadeiro para si mesmo, quando falamos em conexão, sentido é a coisa mais importante. O sentido define se algo é suportável ou não. Por exemplo, o uso de máscaras como medida preventiva foi amplamente recomendado por autoridades de saúde em todo o mundo e adotada como uma estratégia eficaz para reduzir a transmissão do Coronavírus. Para algumas pessoas, esse uso era insuportável, sufocante, pois não viam sentido nesse uso. Pegue uma máscara agora e use-a o dia todo. Quase impossível, né? Porque não faz sentido. Se fizesse, a máscara seria desconfortável, mas suportável, pois atenderia a uma finalidade. A perda de sentido é desamparadora e torna a realidade insuportável. Essa é a realidade de uma pessoa em depressão.

Nesse contexto, as pessoas depressivas encontram-se em desacordo com o seu tempo, vivenciando uma estagnação em um tempo próprio. Mudanças exigem tempo não somente por uma questão prática, mas por uma questão de vínculo. Mudança antes da hora é uma mudança sem sentido. É o caso do vídeo da Carla. Mudou a pessoa e o vínculo se manteve atrelado ao que se foi, mas que não se foi com sentido (e nem consentido). O desencontro é inevitável e sua solidão só aumenta com o desprestígio social associado ao seu sofrimento. Sua depressão é percebida como um retrocesso. Até em outros contextos, como o campo econômico, o termo depressão tem um sentido pejorativo, estando associado a uma crise no mercado (Verdon, 2008).

Assim, a tristeza como ferramenta necessária para as efetivas mudanças carece de espaço de expressão no mundo contemporâneo e isso tem consequências graves: o sofrimento dos depressivos é agravado pelo aumento do sentimento de dívida e culpa em relação aos ideais em circulação, além de contribuir para o seu isolamento (Fédida, 2002; Kehl, 2009). Por isso é que, paradoxalmente, a promoção de estilos de vida e ideais ligados ao prazer, à potência, à alegria e ao cultivo da saúde ajuda na manutenção da posição da pessoa em depressão. Como disse Freud (1930/2006), a rigidez dessas exigências não causaria tanto prejuízo se fossem menos tolerantes e respeitassem o tempo e as limitações de cada um. Assim, o sentimento de culpa está presente no contexto histórico em que viveu Freud e também nos dias atuais, mas diante de um ideal social diferente. Um ideal que indica como as pessoas devem ser para serem felizes, mas desconsidera que elas não são assim.

Bauman (1998) reforça essa questão ao examinar o texto de Freud (1930/2006). Segundo ele, o título do texto, *O mal-estar na civilização,* deve ser lido como "O mal-estar na modernidade". Segundo Bauman, os conflitos da modernidade resultavam de uma espécie de segurança ou estabilidade que tolerava uma liberdade pequena demais na busca da felicidade individual. Já os mal-estares na atualidade provêm de uma espécie de liberdade de procura do prazer que tolera uma segurança individual pequena demais. Assim, houve uma troca da possibilidade de segurança que a norma moderna prometia, pela promessa de felicidade advinda do ideal de liberdade individual e de consumo.

> Os esplendores da liberdade estão em seu ponto mais brilhante quando a liberdade é sacrificada no altar da segurança. Quando é a vez da segurança ser sacrificada no templo da liberdade individual, ela furta muito do brilho da antiga vítima. Se obscuros e monótonos dias assombram os que procuravam a segurança, noites insones são a desgraça dos livres. Em ambos os casos, a felicidade soçobra (Bauman, 1998, p. 10).

A ideia de Bauman é que a liberdade sem segurança está tão fadada ao fracasso na provisão de felicidade quanto a segurança sem liberdade. Essa ideia é bem interessante e ao relê-la me vem à cabeça um passarinho em uma gaiola. Dentro da gaiola, ele possui segurança, fora da gaiola, ele possui liberdade. Mas o paradoxo está no fato de que para se viver a liberdade é necessário segurança. Caso contrário, a liberdade será desesperadora. Se o passarinho passa anos na gaiola e é simplesmente libertado, ele será devorado em pouco tempo. E nesse meio tempo enfrentará os seus maiores pesadelos sem as ferramentas necessárias para ter uma mínima chance de vitória.

Portanto, viver a liberdade é algo somente atingível para os que encontram segurança fora da "gaiola" nos portos seguros da vida afora. Ou pelo menos possuem a capacidade de movimentação suficiente para se aventurarem fora da gaiola e voltarem para ela quando necessário. E aí eu te pergunto, o que é esse porto seguro? Dinheiro? Um lugar para morar? Família? Amigos? Trabalho? Esportes? Estabilidade emocional? Hobbies? Paixões? Propósito? Conhecimento? Currículo? Histórias vividas? A lista é infinita, pois os portos seguros são particulares. Cada pessoa irá dar um peso diferente para todas essas coisas. Algumas são tangíveis, enquanto outras são mais intrínsecas, resultantes de experiências que foram estáveis o suficiente em sua vida para não necessitarem de presença constante para serem significativas. Criaram portos seguros internos, como já expliquei anteriormente.

Em Bauman (1999) vemos uma ideia de que nesse processo surgem novas normas sólidas que providenciam ordem frente à possibilidade de desamparo. Segundo o autor, o derretimento das normas sólidas foi redirecionado a um novo alvo. Assim, nenhum molde foi quebrado sem que um substituto não lhe tomasse o lugar, impulsionando os sujeitos libertados a usar essa nova liberdade com a finalidade de encontrar o lugar adequado para se adaptar. E, dessa forma, novamente se colocarem diante das regras e modos de conduta identificados como corretos desse novo lugar.

> As pessoas foram libertadas de suas velhas gaiolas apenas para ser admoestadas e censuradas caso não conseguissem se realocar, através de seus próprios esforços dedicados, contínuos e verdadeiramente infindáveis, nos nichos pré-fabricados da nova ordem: nas classes, as molduras que (tão intransigentemente como os estamentos já dissolvidos) encapsulavam a totalidade das condições e perspectivas de vida e determinavam o âmbito dos projetos e estratégias realistas de vida (Bauman, 1999, p. 13).

Essa é a característica da nossa sociedade que Bauman (1999) prefere definir como uma modernidade líquida, na qual os padrões de dependência e de interação tornam-se instáveis como os fluidos. Essa metáfora retrata os valores sociais como maleáveis, não mantendo a forma por muito tempo, podendo ainda se metamorfosear e tomar forma relativamente fácil, mas sustentá-los exige muita atenção, vigilância e esforço.

Agora, o leitor mais crítico deve estar se perguntando por que falar de algo da nossa sociedade atual utilizando autores que escreveram seus textos de 20 a 100 anos atrás. Parece paradoxal, mas a ideia é trazer importantes reflexões de alguns autores para que o leitor preencha os dados atuais com suas próprias vivências. Eu não quero que você leia este texto como uma rápida leitura dinâmica. Quero que pense em como essas ideias se articulam com a percepção das pessoas à sua volta. Porque, na minha visão, o que esses autores escreveram é ainda mais verdade nos dias de hoje do que na época deles (claro que com adaptações). A lógica de Freud de demonstrar o sofrimento e isolamento da pessoa que se sente pressionada para cumprir as exigências sociais, vendo os outros aparentemente as cumprindo, mas não conseguindo, é intensificada nos dias atuais. Afinal, hoje é possível ver mais e mais pessoas pelas redes sociais, mas não suas fraquezas, medos inconscientes, culpas e remorsos. Vemos muito mais sucessos, conquistas e momentos aparentemente felizes. Concorda?

O mesmo se aplica à exigência de performance hoje e sua ligação com desamparo. Não é por acaso que há um aumento do consumo de psicoestimulantes, seja para tratamento do quadro de TDAH, seja para "aprimoramento" cognitivo em vestibulandos, universitários e "concurseiros". Inclusive, o próprio diagnóstico de TDAH e sua associação com exigência de performance foram bem discutidos no livro *Somos todos desatentos? – Revisitando o TDAH* (Lima, 2005). Na minha trajetória clínica, percebo que muitas vezes o diagnóstico de TDAH, depressão, entre outros, acaba por trazer alívio à pessoa que foi diagnosticada. "Não sou incompetente ou preguiçoso, tenho TDAH, ufa". É como se alguém dissesse: "Calma, eu tenho depressão e se eu não te disser isso você não vai respeitar o meu tempo". Talvez se a nossa sociedade não exigisse tanto sem dar condições necessárias, não fosse um alívio receber um diagnóstico de um médico. Não é à toa que eu gosto tanto de frases como "Acredite! O seu potencial é extremamente limitado". Com humor, a crítica aqui está direcionada ao imperativo social de eficiência e a uma positividade que traz sofrimento e não alívio. Essa crítica é baseada em uma ideia essencialmente psicanalítica. Realmente foi a psicanálise a responsável por trazer essa noção de que a potência de realização aparece quando se aceita as próprias limitações (ideia de castração) e as doenças mentais aparecem quando ocorre o contrário. Se a exigência de performance for maior do que a capacidade ou for uma exigência cruel que não permite erros naturais, prevalecerá a dor do desamparo. E como vimos com Bauman (1999), quanto maior o desamparo, maior a necessidade de segurança.

Infelizmente, temos tantas coisas que podem ser desamparadoras: mudanças climáticas; desigualdade econômica; crise de saúde global; desigualdades raciais e gênero; violações de direitos humanos; refugiados e migrações forçadas; escassez de recursos naturais. Além disso, a nível individual, temos desemprego, precarização do trabalho, desigualdade salarial, automatização e desemprego tecnológico, impacto da inflação nos custos de vida, perda da poupança e da aposentadoria. Tudo isso faz com que algumas pessoas estejam como alguém se afogando na água, desesperadas, à procura de qualquer suporte. Isso certamente as colocará em um lugar vulnerável, pois correm o risco de se apoiarem em um suporte falso, que aumentaria a violência do tombo.

É nesse contexto que surgem as falsas promessas, as seduções narcísicas, relacionamentos tóxicos e até os diagnósticos. Qualquer coisa que venha trazer uma ilusão de retomada daquilo que foi perdido, resgatando a ideia de uma onipotência infantil quando tudo era mais fácil e promissor. Uma dessas promessas é a ideia da meritocracia. A promessa de retomada de potência pela superindividualização de todos os problemas: "você consegue, basta acreditar". Luiz Felipe Pondé certa vez foi perguntado por que os *coaches* vendem tão bem a meritocracia. Ele respondeu:

> Porque é fácil, porque você encanta a pessoa, você enche a bola dela, o coach faz basicamente o que se fazia antigamente com as meninas. O príncipe está dentro de você, a princesa está dentro de você, a mulher maravilha está dentro de você, o super homem está dentro de você. Então trabalha uma espécie de autoestima ferida, porque a de todo mundo é ferida e o mundo é uma máquina de destruir a autoestima. E naquela ilhazinha ele fica falando que você é ótimo, que você vai conseguir, você é maravilhoso. Tudo depende de você. E isso é uma das maiores mentiras do mundo, essa frase de que tudo depende de você (TV Cultura, 2021).

Quando você acredita que algo que não depende exclusivamente de você, depende exclusivamente de você, é impossível não se deprimir. Portanto, é necessário muito cuidado com esse discurso especialmente para pessoas depressivas. O que está sendo dito é: tudo dependia de você e você falhou miseravelmente e agora tudo depende de você novamente. Melhor nem tentar então, né? Dizer "basta acreditar" é o mesmo que dizer "bastava acreditar". E o que precisamos entender é que a pessoa em depressão está nos comunicando que o que mais importa para ela nesse momento está no passado e isso é verdadeiro. É necessário reconhecer que a oportunidade foi sim perdida, a pessoa está sim morta, o sonho está sim morto. Esse é o primeiro passo para poder chorar essa perda, sentir raiva ou qualquer outro sentimento que venha a aparecer. E só depois podemos começar a propor coisas novas que estão no presente e no futuro. A depressão não é tanto uma incapacidade de alcançar objetivos ou conquistar as coisas na vida, mas, acima disso, é uma recusa ou uma falta de vontade de aproveitar as oportunidades e experiências que a vida está oferecendo. Em outras palavras, a depressão pode fazer com que as pessoas se sintam desinteressadas e desmotivadas nas coisas que costumavam apreciar, o que é muito diferente de serem incapazes de encontrar meios para realizar essas coisas. Não é que o depressivo covardemente escolhe se demitir do movimento da vida, a questão é que ele tem a sensação de falta de força, de poder e de realização.

Se o oposto da depressão é o luto e suas diferenças estão no movimento, a saída da depressão está necessariamente atrelada a um movimento. Mas aí é que mora a questão, o movimento não é de ter força de vontade para seguir com mais firmeza o mesmo rumo. Como disse, a depressão está atrelada a uma certa recusa do rumo atual. Sair da depressão muitas vezes envolve mudanças drásticas como mudar de curso, sair do relacionamento, mudar de emprego, mudar de ramo de atuação, mudar de cidade. A recusa do depressivo não deve ser vista simplesmente como uma falha de adaptabilidade, mas também de uma real recusa do atual cenário presente e futuro. Sair da depressão envolve necessariamente algum tipo de mudança.

A Pressão Social e a Legitimidade da Depressão

Agora vou trazer um exemplo dessa articulação da questão social com a depressão a partir de histórias de Rafaela.

Em uma das sessões, Rafaela levou dois cubos que ela mesma fez com seus lados desenhados e com alguns escritos. Em um dos cubos, estava escrito: *O que você tem na cabeça? Minhocas!* Também havia uma imagem representando esse escrito. No desenho, tinha uma mulher com minhocas saindo da sua cabeça, não no lugar do seu cabelo, mas como se as minhocas estivessem emaranhadas em seu pensamento. O cabelo da mulher estava bem definido, assim como seus contornos. Mas não havia boca, nem nariz, nem olhos. Havia somente duas bolas rosadas no local das bochechas e só. Já as minhocas eram compridas, cada uma com uma grande cauda listrada em preto e branco e com olhos e boca, além das bolas rosadas no local da bochecha. Rafaela comentava: *Falam que tem minhocas quando não tem nada na terra.*

O que significa dizer que alguém tem minhocas na cabeça? Essa expressão é usada para descrever alguém que está agindo de forma irracional, fazendo escolhas consideradas estúpidas ou tendo pensamentos sem lógica aparente. Em outras palavras, quando alguém diz que outra pessoa "tem minhocas na cabeça", significa que essa pessoa está agindo de maneira insensata ou tola. Portanto, Rafaela estava me contando que sentia que suas ideias eram absurdas, muito burras e que só fazia besteira. Afinal, suas ideias não condiziam com as ideias do seu meio e precisavam ser atacadas.

Em um dos lados de outro cubo denominado *Autossabotagem,* havia um copo vazio, uma garrafa cheia com um rótulo de bebida alcoólica e a ponta de um cigarro consumido em um cinzeiro, saindo uma pequena fumaça. Desse lado, havia também um escrito: *Às vezes não sei por que eu não saio para me distrair.* No outro lado havia um grande olho e dentro desse olho havia um sol, uma casa, uma floresta e um céu azulado. Novamente, tinha outro escrito: *Vou apagar esse mundo particular que vive no meu olhar.*

O que ela estava expondo era: "vou me apagar para ser como os outros". Rafaela não fumava, nunca me disse que gostava de sair para festas e consumir bebidas alcoólicas, mas me dizia: *vejo as fotos de pessoas felizes na balada consumindo bebidas e fumando. Acho que deveria fazer isso.* Vemos aqui um sentimento de culpa agravado por não encontrar seu lugar frente a um imperativo social: para ser feliz, você deve fazer o que os outros fazem. Rafaela sentia que devia ser como *as pessoas felizes da balada* para ser feliz, e, para isso, deveria se apagar porque seu mundo particular não condizia com o mundo dos outros. Porém, havia o reconhecimento da beleza de seu mundo particular. Esse é um ponto bem importante. No desenho, esse mundo representado dentro do olho no cubo foi pintado de forma deslumbrante. As cores eram fortes, as florestas imponentes, o sol radiante. Enquanto no outro lado do cubo havia um copo vazio, uma garrafa cheia e um cigarro quase completamente consumido, em tons de cinza e cores frias. Se eu fosse olhar para cada um dos desenhos e escolher qual descrevia a felicidade e qual descrevia a tristeza, com base nas cores e na vivacidade do desenho, minha escolha seria completamente diferente da de Rafaela. Para mim, o colorido atestava onde estava a riqueza de suas emoções e toda a sua afetividade. Porém, Rafaela me dizia que recebia críticas sobre suas cores: *As pessoas falam, você pinta muito colorido, tem que usar mais preto, branco.* Consequentemente, ela sentia que o seu mundo colorido precisava ser apagado para dar lugar ao mundo preto e branco dos outros, pois os dois mundos não podiam coexistir harmonicamente e, dessa forma, um tinha que ser esmagado.

Quando não é permitido sentir a tristeza, quando não é permitido ser diferente, temos um grande problema, pois uma pessoa em depressão não tem a energia necessária para a rebeldia. Sem a esperança e o sentimento de potência necessário para a revolução, só resta recuar.

Essa história contada por Rafaela exemplifica bem o desencontro de uma pessoa em depressão com um ambiente antidepressivo que contribui para que essas pessoas fiquem cada vez mais depressivas.

Realmente Kehl (2009) foi muito precisa em situar a depressão como uma expressão legítima do sofrimento psíquico presente na sociedade contemporânea. O ideal de felicidade prometido pela virtude dos tempos vividos por Freud (1930/2006) apavorava os sujeitos ao perceberem que acometidos por suas fantasias e desejos, não correspondiam a essa perfeição santificada. Se as pessoas não se viam como virtuosas, só restava aparentar serem, ao custo do desencontro com os seus corpos e as suas mentes. Da mesma forma, mas sob um novo ideal, são agora os sujeitos depressivos que se encontram em uma prisão, assistindo seu desencontro com o que conseguem enxergar somente nos outros.

Para ilustrar essa questão sobre a prisão da depressão, retomo outra história de Rafaela nas nossas sessões.

Quando seu pai morreu de modo repentino, ela não pôde chorar a sua morte. *Tava andando na rua, caiu, UTI, morreu.* Não deu tempo nem para ela ir ao enterro e lhe falaram que não era permitido chorar: *Não faz bem para a alma dele, tem que rezar.* Sua mãe também dizia que ela não deveria ficar lembrando do passado, *porque isso é sofrer duas vezes.* Como resultado, Rafaela sentia culpa por não ter visto o pai direito antes de ele morrer e, ao mesmo tempo, culpa por sentir sua perda. A avó de Rafaela lhe dizia que *não pode chorar, porque faz mal.* E assim como uma prisão é o cerceamento de uma liberdade, a de ir e vir, a prisão da depressão se configura quando não lhe era permitido sentir. *Sinto que estou em uma prisão* – me dizia ela.

Essa parte da história de Rafaela me lembra muito os estudos de Kübler-Ross (1998) sobre o luto de crianças. Ela dizia que quando as crianças podiam continuar em casa, no lugar onde aconteceu uma morte, participando das conversas, discussões e medos, elas não se sentiam isoladas na sua dor. Um luto compartilhado é muito menos difícil de ser vivido, pois há um acolhimento coletivo que tem uma função de suporte. Essa experiência também se constitui como uma preparação para encarar as perdas e mortes como partes da vida, sendo, portanto, uma experiência de crescimento e amadurecimento. Quando acontecer algo parecido no futuro, essas pessoas estarão mais preparadas e não traumatizadas pela experiência passada. Quando acontece o contrário, quando a morte é encarada como um tabu, os debates se tornam mórbidos e as crianças são isoladas sob o pretexto de que elas não aguentam lidar com tudo isso. Kübler-Ross observou que essas crianças costumam ser levadas para casa de parentes, ouvem mentiras esfarrapadas de que "mamãe foi fazer uma longa viagem" ou outras histórias sem pé nem cabeça. Em seguida, a criança percebe que tem algo errado e se isola, passa a desconfiar dos adultos e do mundo. Preenchem a lacuna na história com suas próprias fantasias: "meu avô foi fazer uma viagem e nunca voltou. Nem me ligar, ligou. Então ele não gosta de mim e me abandonou". O que torna a experiência traumática não é somente a tragédia em si, mas também que acontece após a tragédia. Isso vale tanto para perdas e mortes quanto para outras situações como abusos dos mais diversos tipos. Se após a situação ser revelada não houver um acolhimento coletivo, dos pais/cuidadores, dos amigos, das instituições, a pessoa se sente desamparada, se isola e instaura um sentimento de vulnerabilidade permanente. Portanto, quando a mãe de Rafaela dizia que se lembrar do passado é sofrer duas vezes, ela não estava errada. Mas não se lembrar do passado é sofrer para sempre e constantemente. Afinal, não se lembrar do passado não é uma escolha. Se uma criança é privada de "se lembrar de um passado trágico", mais cedo ou mais tarde, ela perceberá que houve mudanças ao redor da sua vida e, dependendo de sua idade e personalidade, sentirá um pesar quase irreparável, retendo uma memória de uma experiência pavorosa, misteriosa e traiçoeira. Segundo Kübler-Ross, é igualmente insensato, como relata em um caso de uma menina que perdeu seu irmão, dizer que "Deus levou Joãozinho para o céu por amar as crianças". Essa menina, ao se tornar mulher, jamais superou sua mágoa contra Deus, mágoa que a direcionou a uma depressão profunda quando da perda de seu próprio filho, 30 anos mais tarde. Antônia também me contou algo parecido relacionado à religião: *Se tudo acontece por um motivo, eu só posso ser uma pessoa horrível.*

> Recorremos aos eufemismos; fazemos com que o morto pareça adormecido; mandamos que as crianças saiam, para protegê-las da ansiedade e do

> tumulto reinantes na casa, isto quando o paciente tem a felicidade de morrer em seu lar; impedimos que as crianças visitem seus pais que se encontram à beira da morte nos hospitais; sustentamos discussões longas e controvertidas sobre dizer ou não a verdade ao paciente, dúvida que raramente surge quando é atendido pelo médico da família que o acompanhou desde o parto até a morte e que está a par das fraquezas e forças de cada membro da família (Kübler-Ross, 1996, p. 14).

Se fazemos isso com um sentimento tão visível de fora e tão mais fácil de ser compartilhado como a morte, imagina o que fazemos com sentimentos que são tão particulares e de difícil entendimento como os da depressão? Infelizmente, são constantes os relatos de pessoas em depressão sendo julgadas pela sua condição. Alguns exemplos:

- Estigma social: uma pessoa deprimida pode se sentir isolada e evitada por amigos, familiares ou colegas de trabalho, devido ao estigma social associado à doença mental.

- Percepção de fraqueza ou falta de força de vontade: algumas pessoas podem erroneamente acreditar que a depressão é simplesmente uma questão de falta de força de vontade ou fraqueza, julgando aqueles que sofrem como se fossem incapazes de enfrentar os desafios da vida.

- Expectativas irrealistas: amigos ou familiares podem ter expectativas irrealistas de que a pessoa deprimida deveria "superar" sua condição rapidamente, sem entender a complexidade e o tempo envolvidos no tratamento da depressão.

- Descrença na necessidade de tratamento profissional: algumas pessoas podem desacreditar da eficácia da terapia e medicamentos antidepressivos, acreditando que a depressão é apenas uma fase passageira que pode ser superada sem ajuda profissional.

- Pressão social para esconder a depressão: alguns indivíduos podem sentir uma pressão social para esconder sua depressão devido ao medo de serem julgados ou de prejudicarem suas relações pessoais e profissionais.

- Estereótipos e preconceitos: estereótipos culturais sobre doenças mentais podem levar a julgamentos baseados em preconceitos, como rotular pessoas deprimidas como sendo "dramáticas" ou "fracas".

- Minimização da gravidade: algumas pessoas podem minimizar a gravidade da depressão, comparando-a a sentimentos temporários de tristeza, o que pode levar à falta de empatia e compreensão.

- Estigmatização no ambiente de trabalho: em ambientes de trabalho, colegas podem julgar negativamente um colega que se ausenta por motivo de saúde mental, rotulando-o como "preguiçoso" ou incapaz, ignorando a gravidade da depressão. É o caso do chefe que pergunta ao funcionário se ele vai tirar o atestado mesmo já que o atestado é psiquiátrico. Inclusive, o atestado psicológico escrito por um psicólogo não serve para nada na prática e isso é um indício da importância que se dá a essa questão socialmente e politicamente. Eu mesmo nunca emiti um, mesmo que esse documento exista, nenhum paciente o pede, pois ele não tem valor social. Para conseguir um atestado, você precisará ir a um médico. Afinal, o que você está sentindo pode ser somente frescura, falta de vontade de trabalhar, preguiça. Nós precisamos de um nome grave para tornar o sofrimento socialmente aceito. Dizer que está esgotado mentalmente, extremamente cansado, não tem o mesmo efeito social de dizer que recebeu um diagnóstico de Síndrome de Burnout.

Isso tudo acontece, embora hoje exista uma corrente de pensamento coletivo valorizando fazer terapia, cuidar do corpo e da mente. Talvez porque até a terapia tem sido associada à performance. É o caso daquela pessoa que procura terapia porque, na série que está assistindo, os bilionários fazem terapia. Surge então a vontade de fazer terapia para ser como eles. Bom, eu até acredito que depois de um tempo há sim um aprimoramento da sua capacidade de lidar com suas emoções e situações à sua volta, mas isso é consequência da terapia e não o próprio serviço oferecido. Quando espera-se um desenvolvimento imediato das capacidades emocionais, corre-se o risco de encontrar soluções agradáveis demais. E as soluções agradáveis demais, infelizmente, são as dos falsos profetas. No caso da depressão, essa falsa profecia é ainda mais perigosa, pois a sua inconsistência é a lenha que faltava para a fogueira da depressão pegar fogo.

Gênero e depressão

Escrito com Maisa Guimarães[3]

Quando pensamos sobre fatores sociais se conectando aos processos depressivos, é importante compreendermos o quanto as questões de gênero também atravessam as experiências de adoecimento psíquico e revelam particularidades e complexidades que precisam ser mais bem compreendidas. Em culturas sexistas, como a brasileira, chama a atenção o quanto os processos de subjetivação estão muito associados ao tornar-se homem ou mulher (Zanello, 2018). Ou seja, na nossa cultura as experiências de tornar-se sujeito e reconhecer-se (e ser reconhecido) enquanto pessoa pertencente e legitimada socialmente são profundamente marcadas por normas, valores e expectativas diferenciados em torno do que se considera masculino ou feminino.

---

[3] Maisa Guimarães é psicóloga, mestra pelo Programa de Pós-Graduação em Processos de Desenvolvimento Humano e Saúde da UnB (PGPDS-UnB) e Doutora pelo Programa de Pós-Graduação em Psicologia Clínica e Cultura da UnB (PSICC-UnB).

O grupo de pesquisa Saúde Mental e Gênero, coordenado pela pesquisadora Valeska Zanello, tem estudado como as vivências emocionais são gendradas, como são entendidas e aceitas na sociedade de formas diferentes (e até opostas) quando apresentadas por homens ou mulheres e como também são analisadas sob óticas diversas mesmo em uma avaliação diagnóstica (apesar de a semiologia psiquiátrica se afirmar objetiva e categórica). Por isso, é fundamental compreendermos o quanto, e de que forma, as questões de gênero estão presentes na formação e expressão do sintoma, nas causas desses sofrimentos, no modo como as queixas são apresentadas, na escuta clínica do profissional e também nos parâmetros diagnósticos dos manuais de psiquiatria.

Logo, ao considerarmos a lógica sexista e seus esforços de normatizar e controlar como homens ou mulheres devem se identificar, se relacionar e se expressar, é possível discutirmos aqui como as questões emocionais são vivenciadas por homens e mulheres e como há uma diferença na forma como esses sintomas se configuram e como algo pode ser tratado como uma queixa em um grupo, mas não em outro.

Buscando compreender sobre o gendramento na epidemiologia e na semiologia dos sintomas e transtornos mentais, Zanello e Silva (2012) fizeram um levantamento dos principais sintomas registrados em prontuários de pacientes dos dois maiores hospitais psiquiátricos do Distrito Federal. Alguns pontos desse estudo chamam a atenção e podem nos ajudar a compreender melhor sobre o deprimir-se em homens e mulheres. O sintoma "tristeza", por exemplo, aparece como uma frequência bem mais alta nos prontuários femininos do que nos masculinos. Da mesma forma, a preocupação com "dificuldades nas relações" é apontada como sintoma relevante na experiência das mulheres, mas muito pouco na queixa dos homens. Por outro lado, o sintoma "alcoolismo" tem uma frequência maior nos prontuários de pacientes homens.

Zanello (2014) discute, além disso, sobre sintomas que apareceram de forma específica apenas para mulheres ou para homens. Fiz um quadro dessas especificidades para elucidar tais diferenças:

Quadro 4: *Diferenças de gênero nos sintomas específicos.* Adaptado de Zanello, 2014

Sintomas específicos dos homens	Sintomas específicos das mulheres
• Ócio	• Frustração de não ser amada
• Insegurança sexual	• Sensibilidade histérica
• Dificuldade de ter relações sexuais	• Frustração com a carga familiar
• Preocupação com a vida sexual	• Manipuladora
	• Rebelde
	• Ciúmes
	• Personalidade narcisista
	• Mãe solo
	• Desapego das tarefas domésticas
	• Falta de confiança no marido
	• Fragilidade emocional
	• Sobrepeso
	• Controladora nos relacionamentos afetivos
	• Amargura

A diferença é grande, né? Do lado dos homens há sintomas relacionados principalmente à eficiência no sexo e no trabalho, enquanto nas mulheres aparecem queixas da ordem do amor, das relações, da dificuldade nas tarefas domésticas e da personalidade.

A título de ilustração, se pegarmos os sintomas e transformarmos cada um deles no seu oposto, podemos enxergar o que nessas queixas e sintomas contraria as expectativas sociais atribuídas a homens e mulheres.

Quadro 5: *O que se espera de homens e mulheres. Adaptado de Zanello, 2014*

Espera-se dos homens	Espera-se das mulheres
• Engajamento produtivo • Confiança sexual • Facilidade em ter relações sexuais • Efetividade na vida sexual	• Realização pessoal por estar em um relacionamento amoroso • Estabilidade emocional • Satisfação em cuidar da família • Manipulável • Conformada • Não ciumenta • "Personalidade altruísta" • Mãe casada • Compromisso com as tarefas domésticas • Confiança no marido • Resiliência emocional • Magra • Passiva nos relacionamentos afetivos • Felicidade

A comparação desses dois quadros demonstra, de forma prática, o arcabouço teórico proposto por Zanello (2018) sobre o processo de subjetivação das mulheres estar centrado nos dispositivos amoroso e materno, e dos homens no dispositivo da eficácia, especialmente, em termos de virilidade sexual e laborativa.

Culturalmente, podemos perceber que as mulheres são ensinadas a priorizar os relacionamentos afetivos e o bem-estar dos outros, muitas vezes em detrimento de suas próprias necessidades e desejos. Dessa forma, o amor é vivenciado pelas mulheres como um valor identitário, em que elas se reconhecem mais valorizadas quando são escolhidas e amadas por um homem, e daí o "amor" passa a ser entendido/vivido como a resolução dos problemas, o "passaporte" para poder viver e desejar. Como Zanello (2018, p. 84) destaca: "em nossa cultura, os homens aprendem a amar muitas coisas e as mulheres aprendem a amar, sobretudo, e principalmente, os homens". Essa vivência no dispositivo amoroso gera um processo de vulnerabilização das mulheres à medida que se transfere para os outros (no caso, os homens) o poder de te avaliar e te legitimar como pessoa, o que fica associado, inclusive, a uma pressão para se enquadrar em determinados padrões estéticos (principalmente relacionado a magreza e juventude) e também a padrões de conduta moral (como os relacionados à contenção sexual e a submissão aos desejos alheios). Esses contextos levam a adoecimentos psíquicos, sobrecargas emocionais, idealizações de relacionamentos, inseguranças ou dependências emocionais e a outros conflitos internos.

Além disso, as expectativas em torno da maternidade constroem cobranças e demandas para que as mulheres se apresentem como pessoas cuidadoras, complacentes e altruístas (mesmo nos casos em que elas não sejam mães). Tá, mas o que isso tem a ver com depressão? Vamos voltar ao exemplo que eu dei no capítulo anterior de uma paciente que foi diagnosticada com depressão pós-parto. Imagine ela ouvindo que a questão é hormonal. Ou seja, desconsiderar essa parte social que acabamos de falar e focar na questão biológica. O que acontece é que cria-se um tabu, um silenciamento. Porque a pessoa sabe que no fundo, por mais que ela não queira admitir para os outros ou para si mesma com medo de ser julgada, a questão hormonal não traduz bem a questão. Quando ela olha para as outras mães e não se identifica com elas, surge o isolamento. Em seguida, vem a culpa, o sentimento de ser uma pessoa horrível, e logo, logo poderemos ver os sintomas da depressão.

Desconsiderar o aspecto social e pessoal tem impacto não somente na epidemiologia, mas também favorece que mulheres fiquem depressivas porque ficam desamparadas. Quando é vendida a ideia de que uma mulher só estará completa ao ter filhos e ela não encontra esse lugar maravilhoso de completude ao parir, pelo contrário, encontra-se desamparada, desolada, vulnerável, exausta, se sentindo em uma prisão que nunca mais poderá sair, trabalhando 24 horas por dia, é coerente que o resultado seja a depressão. Sabe qual é um bom remédio para evitar a depressão pós-parto? Um parceiro ou uma parceira que providencie amparo à pessoa que acabou de mudar completamente sua vida por causa da maternidade, e isso é trocar fralda, dar banho, botar para arrotar, acordar no meio da noite, providenciar o almoço e o jantar. Também amigos que podem dar suporte ou família que participa ajudando nos cuidados do bebê e da casa. É igualmente acolhedor um trabalho que respeite as leis trabalhistas feitas especialmente para esse período. Viver a maternidade de forma positiva é um privilégio dos amparados por uma rede de proteção que envolve desde o lado pessoal até o financeiro. Caso contrário, vive-se a exaustão e o desespero e abre-se uma porta para a depressão.

Portanto, desmitificar a maternidade, falar sobre os lutos necessários do período pós-parto e reforçar a importância do suporte emocional e psicológico torna-se crucial. É necessário reconhecer que a maternidade não é um mar de rosas (apesar de ser vendida como tal) e que há um espectro de experiências que variam de pessoa para pessoa. Isso inclui aceitar que algumas mulheres podem não se sentir instantaneamente conectadas com seus filhos ou podem experimentar sentimentos de arrependimento ou dúvida, sem que isso as torne mães menos capazes ou amorosas. Promover conversas abertas sobre os desafios da maternidade pode ajudar a eliminar o estigma e permitir que mais mulheres busquem ajuda sem medo de julgamento. Isso envolve uma mudança cultural que valorize o bem-estar das mães tanto quanto o dos filhos, o que seria bom para todos os presentes nessa história.

Já no caso dos homens, as expectativas e validações sobre seus processos de subjetivação estão focadas no campo laboral e sexual e avaliadas a partir de promessas e desejos de potência e superioridade. Nesse sentido, a partir do dispositivo da eficácia, podemos compreender como forma-se essa ideia e essa cobrança de que um homem será mais respeitado como pessoa na nossa sociedade se apresentar determinado sucesso profissional, se demonstrar potência sexual e se estiver em lugar de superioridade perante os outros (sejam outros homens, sejam as mulheres). Nesses parâmetros, é possível identificar que há pouco espaço para vivenciar vulnerabilidades, entrar em contato com sentimentos e mesmo construir vínculos de intimidade e confiança com outras pessoas. Zanello (2018) fala, inclusive, do processo de embrutecimento afetivo, que podemos identificar em muitos padrões masculinos, como: perceber emoções como sinal de fraqueza; recusar demonstrações emocionais por associá-las ao feminino (e, de fato, muito das afirmações da masculinidade se estrutura em uma lógica misógina de repudiar o que os aproximaria das mulheres); e permitir-se mais entrar em contato com aqueles sentimentos em jogo nas disputas de poder (como a raiva direcionada ao outro).

Um ponto muito importante quando pensamos as questões de saúde mental sob a lente de gênero é compreender que condutas e escolhas que subvertem, questionam ou não correspondem aos dispositivos de gênero são julgadas de forma negativa/pejorativa e, frequentemente, são entendidas (e, por vezes, vivenciadas) enquanto sintomas de um adoecimento mental. O sofrimento associado às divergências com ideais hegemônicos de gênero abarca também as experiências de não conformidade aos padrões normativos de sexualidade.

Baére e Zanello (2020), por exemplo, alertam para a existência de uma maior susceptibilidade ao suicídio entre pessoas de orientações sexuais não heterossexuais. A solidão e o isolamento, sintomas característicos da depressão, podem ser agravados pela estigmatização de suas identidades sexuais e pela pressão para se conformarem às normas heteronormativas. Sentir-se diferente ou não pertencente do seu meio também é característico de processos depressivos e, nesses contextos, tais sentimentos podem ser reforçados por experiências sociais como a perda de espaços de socialização. Pessoas LGBTQIA+ frequentemente enfrentam rejeição familiar, isolamento social, rede de apoio fragilizada, discriminação no trabalho e na escola, além de violência física e psicológica. Ou seja, além da violência sofrida em espaços públicos, muitas pessoas não encontram refúgio seguro em casa, onde a discriminação muitas vezes continua. O que era para ser um lugar de apoio passa a ser um lugar gerador de muito sofrimento que pode até culminar em suicídio quando o medo constante de viver substitui o receio de morrer. Por outro lado, tem-se evidenciado o quanto espaços acolhedores, felizmente, podem servir como alívio para o sofrimento psíquico. Na pesquisa de Baére e Zanello (2020), um desses espaços encontrados foi o ambiente universitário, quando a entrada no ensino superior possibilitou contato com discursos mais progressistas e inclusivos e ambientes mais acolhedores.

Por isso, é fundamental reconhecer a influência dos valores, estereótipos e ideais de gênero no desenvolvimento dos sintomas depressivos. É muito claro como o gênero desempenha um papel crucial na moldagem dos sintomas e no surgimento de variadas condições psicológicas, especialmente em casos em que a prevalência entre homens e mulheres é significativamente distinta – como é o caso da realidade brasileira, em que mulheres são diagnosticadas com depressão aproximadamente duas vezes mais do que os homens (Zanello, 2014).

Pensando sobre as influências das dimensões sociais e culturais na depressão, podemos refletir sobre as diferenças de gênero nos processos emocionais de se entristecer, passar por processos de luto, viver as emoções, chorar. Afinal, já demonstrei anteriormente como essas são ferramentas que ajudam as pessoas a lidarem com os movimentos da vida e as distanciam da depressão. Enfim, você concorda que chorar é mais socialmente aceitável para as mulheres, enquanto para os homens isso é reprimido desde a infância? Eu poderia citar diversos autores para provar essa ideia, mas me parece até desnecessário. Já é muito claro como chorar é visto na nossa sociedade como uma fraqueza e não como uma habilidade, principalmente se você for homem. É muito comum no universo masculino ouvir que chorar é coisa de "mulherzinha", salvo em contextos muito específicos como a perda de uma pessoa querida.

Logo, se homens são instruídos socialmente a reprimir suas emoções relacionadas à tristeza (como o choro), é de se esperar que a expressão de seus sintomas depressivos se dê por outras vias. Não é à toa que a agressividade e o uso de substâncias psicoativas são mais presentes nos homens. Ainda assim, há a percepção social de que as mulheres são mais "emotivas" do que os homens. Ora, isso só é verdade quando socialmente se retira a raiva e a agressividade da condição de ser emotivo. Poucos homens vão ouvir que estão sendo muito "histéricos" porque seu time do coração perdeu e eles estão gritando e dando socos na parede. Isso mostra que para uma emoção se tornar uma queixa, ela precisa estar referenciada socialmente enquanto um problema. Caso contrário, é tratada como natural e ninguém vai falar disso nas discussões sobre psicopatologia, e até as pessoas terão dificuldades em se queixar disso.

A discussão sobre alcoolismo elucida bem essa problemática. É muito difícil falar em prevalência de dependência ao álcool se muitos alcoolistas (talvez a maioria) nem buscam apoio especializado, pois não veem seus sintomas como queixas e ainda enxergam esse uso abusivo como normal (principalmente quando se trata de um homem). E, na prática, o consumo de álcool costuma ser visto como um problema, quando a pessoa passa a exibir comportamentos fora do que é esperado dela. Nos homens, quando passam a ter problemas relacionados à virilidade sexual e laboral, e nas mulheres, quando dão "vexame por aí", especialmente quando não correspondem às expectativas sociais enquanto mães ou esposas/namoradas.

Por outro lado, um dado sensível que demanda melhor compreensão diz respeito aos índices de autoextermínio. Pois, embora as mulheres apresentem índices mais elevados de tentativas de suicídio, os homens têm uma taxa de mortalidade por suicídio até quatro vezes superior, tendendo a escolher métodos de suicídio mais letais (Ministério da Saúde, 2021; Organização Mundial da Saúde, 2021). Fica evidente o quanto o dispositivo da eficácia desempenha um papel crucial nesse contexto, destacando a busca dos homens para serem "eficazes" até em atos de desespero, refletindo normas de masculinidade que valorizam a força, a determinação e a capacidade de concretizar intenções. Além disso, se os homens são menos diagnosticados com depressão, mas ainda assim cometem mais suicídios, isso sugere a existência de um sofrimento possivelmente mal investigado, mal comunicado e mal diagnosticado. Essa discrepância aponta para a necessidade de abordagens mais sensíveis ao gênero na saúde mental, que levem em consideração não apenas as diferenças nas taxas de incidência, mas também as diferenças na expressão do sofrimento e nas queixas apresentadas por homens e mulheres.

É possível discutirmos essa problemática também em relação a uma outra emoção que, no quadro das sintomatologias específicas, apareceu somente nos prontuários femininos: o ciúme. Apesar de ele ter sido registrado como queixa apenas na experiência das mulheres, isso não nos dá elementos para concluir que homens são menos ciumentos do que as mulheres ou que apenas mulheres sofrem/adoecem por vivências ciumentas.

Guimarães (2022) realizou uma pesquisa com homens e mulheres sobre a sua relação com o ciúmes e pôde observar que as mulheres são percebidas como mais ciumentas porque os homens geralmente não reconhecem ou denominam suas preocupações como ciúme, preferindo justificar suas ações com o argumento do cuidado e associando suas angústias ciumentas à falta de um desejo atendido. Por outro lado, o ciúme das mulheres é reconhecido como resultado de suas inseguranças ou suas instabilidades emocionais, associando esse ciúme com o medo de ser abandonada ou traída. Com isso, faz sentido que o ciúme apareça mais do lado das mulheres do que dos homens, desde os prontuários dos hospitais até os vídeos teatrais das redes sociais. A prevalência do sintoma é mediada pelo gênero na expressão e formação dele. Esse é o caso do ciúmes, mas, de forma análoga, acontece a mesma coisa em relação ao chorar. Por isso, uma sintomatologia que privilegia o choro na detecção da depressão vai fazer com que haja uma hiperdiagnosticação em mulheres e uma invisibilização desse diagnóstico em homens.

Não é por não demonstrar a tristeza pelo choro que um homem não a sente, e muito menos que dela não adoece. Lembro-me de Pedro em uma das sessões comigo me dizendo: "Sinto vergonha de chorar na sua frente". "Por quê?" – perguntei. "Por que você é homem". Um homem chorando na frente de outro homem. Que raridade! Diante dessa dificuldade de vivenciar, chorar e se queixar, vejo na clínica uma manifestação diferente da sintomatologia da depressão nos homens. Não estou falando aqui de uma nova depressão totalmente diferente, mas somente uma exibição dos sintomas de forma mais escondida e retraída. Dessa forma, trata-se de uma manifestação depressiva difícil de diagnosticar, pois assume uma forma mais silenciosa. Silenciosa aos olhos dos outros, mas tão intensa internamente quanto o deprimir-se nas mulheres. Sua concepção está muito mais atrelada a uma análise social e também à experiência clínica que permite o acesso longo e profundo à história de vida de uma pessoa do que da clareza da manifestação dos sintomas e das queixas. Além da sua marca silenciosa, quando se interliga toda a ideia do dispositivo da eficácia com os elementos da depressão, temos como resultado uma manifestação da depressão ainda mais mascarada: uma "depressão produtiva".

Explicando melhor, essa forma de depressão silenciosa não possui uma das marcas características da depressão: a improdutividade. Pelo contrário, busca-se mostrar maior produtividade, justamente para combater a percepção da própria depressão. Muda-se a forma ao ponto de dificultar o reconhecimento de uma depressão, seja pelos diagnosticadores, pelas pessoas em volta, ou mesmo pela própria pessoa. A atenção e a queixa do sujeito se voltam para o cansaço e a exaustão. Tudo parece estar bem, desde que a pessoa não pare de funcionar a todo vapor. A queixa, quando há, aparece mais na forma de uma reclamação de que não se tem tempo. Não é mais a fala: "não tenho amigos, coisas boas na vida, sonhos etc.". A queixa passa a ser: "não tenho tempo para ter amigos, coisas boas na vida, sonhos etc.". É uma negação da depressão. Mas, em muitos casos, a negação nada mais é do que uma afirmação escondida – já nos dizia Freud (1925/2006). É como se fosse dito "não estou depressivo, somente não tenho tempo para viver". Tenta-se combater o sentimento de fracasso com a busca ou a afirmação do sucesso. Falando assim até parece uma coisa boa, né? O problema é a relação de dependência. Ter sucesso é ótimo, mas precisar ter sucesso para se sentir minimamente bem é a mesma relação de um dependente químico com a droga. E aí você concorda que já não é uma coisa boa, né? O dependente químico é aquele que perdeu a capacidade de desfrutar da droga. É difícil pensar que um alcoolista tem prazer em beber uma bebida alcoólica já que a relação se inverte: bebe-se para evitar o desprazer. Se aplicarmos essa mesma lógica ao sucesso, esse *"workaholic"* (traduzido por trabalhador compulsivo, viciado em trabalho) também não consegue desfrutar mais do sucesso. Por isso, identifico a depressão também nesses casos, pois no final das contas, chega-se aos principais sintomas depressivos que são a solidão e o vazio, ambos derivados de uma incapacidade/dificuldade em enlutar (e finalmente transitar).

Entender como as dinâmicas depressivas do sujeito se conectam às dimensões sociais e culturais também é fundamental para não cair nas falácias de que as mulheres por razões biológicas têm aproximadamente o dobro do risco de desenvolver depressão; ou que os homens teriam uma melhor saúde mental por uma predisposição menor à depressão. Por mais que exista uma popular corrente biologizante que privilegia como causa fatores hormonais associados a eventos como menstruação, gravidez, parto e menopausa, há uma corrente sócio-histórica, cuja interpretação leva a uma leitura das causas sociais, inclusive as relações de gênero implicadas no diagnóstico. É ela que vai demonstrar o quanto a prevalência de determinado sintoma ou doença do campo psicológico é um dado construído por diversas vias. Afinal, é impossível pensar em epidemiologia sem um pressuposto teórico que lhe dê base, por mais que os diagnosticadores almejem tanto o lugar do diagnóstico neutro, ateórico. Isso só leva à busca por um manual infalível, recheado de signos patognomônicos[4], que possa ser usado em todas as culturas.

---

[4] Um signo patognomônico é um sintoma ou conjunto de sintomas específicos a uma doença, que, quando presente, pode confirmar o diagnóstico dessa doença de maneira definitiva. Em outras palavras, é um indicador que, se observado, é quase exclusivamente associado a uma condição médica particular, permitindo diferenciá-la de outras doenças com sintomas semelhantes.

Na prática, o que acontece é diferente. Os diagnósticos são, na verdade, recheados dos valores e ideais de gênero do próprio médico que interpreta a queixa do paciente. Por isso, é bastante controverso o uso de critérios diagnósticos que ignoram as diferenças de gênero, como alerta Zanello (2014, p. 52), "em saúde mental, o diagnóstico médico jamais é um ato neutro, é um ato de julgamento moral". Ao buscar a neutralidade, desconsiderando as questões de gênero, tanto na produção dos sintomas quanto na queixa e na escuta dos pacientes, corre-se o risco de haver uma reprodução cega dos estereótipos nos atendimentos. Por isso eu gosto tanto da psicanálise. A base da psicanálise é reconhecer que não há neutralidade e, portanto, torna-se necessário estudar os vieses para que eles não nos atinjam de forma despreparada (Gregório & Amparo, 2022).

Além do mais, se o objetivo for combater a depressão e os diversos sofrimentos dessa ordem, é imperativo que a sociedade como um todo reflita sobre preconceitos e normatizações sexistas e trabalhe em conjunto para criar ambientes mais inclusivos e seguros para todos, independentemente das vivências de gênero e da orientação sexual. Quanto ao tratamento, não bastam as alterações nas diretrizes de saúde que removem a patologização da homossexualidade e outras formas de manifestações da sexualidade e da identidade de gênero, é necessário também coletar e analisar dados confiáveis relacionados à depressão que levem em conta a orientação sexual e a identidade de gênero (Baere & Zanello, 2018). A ausência de dados não apenas obscurece a real dimensão do problema, mas também cria barreiras no desenvolvimento e implementação de estratégias preventivas que sejam verdadeiramente eficazes e abrangentes. Sem eles, corre-se o risco de individualizar um processo depressivo e desconsiderar importantes aspectos sociais envolvidos.

Como lidar com a depressão

Estamos chegando na parte final deste livro. Que bom que você chegou até aqui. Mas entenda que compreender a depressão e os processos de luto não te habilita a tratar a sua própria depressão ou a de outra pessoa. É importantíssimo reconhecer os limites do conhecimento nesse caso. A solução para a sua depressão, ou do seu amigo, ou do seu paciente, não está neste livro porque ela precisa ser específica para você. Aqui estão as lógicas do funcionamento depressivo, cuidados a se tomar, influenciadores dos sintomas etc. Mas o essencial de cada caso está naquilo que lhe é único e eu não conheço lugar melhor para descobrir e tratar isso do que a terapia. Entenda, psicólogos fazem terapia. Eu faço a minha. Por mais conhecimento que se tenha, a terapia com uma outra pessoa é um processo necessário. Há um grande limite no quanto conseguimos percorrer sozinhos nesse terreno do campo psicológico, independentemente de termos muito conhecimento sobre o assunto. Justamente porque travamos naquilo que não queremos ver em nós mesmos. Sendo psicólogo, posso dizer que diversas vezes vi algo em um paciente de forma muito clara que para ele era algo totalmente obscuro. Já como paciente, foi a minha vez. Então, comparo a terapia com a malhação. Não basta o conhecimento teórico, é necessária a transposição da teoria para a prática.

E quando falamos de depressão, isso tudo é mais verdade ainda. Porque se você está em depressão, você é o seu maior inimigo. "Como assim? Então eu sou uma bosta". Não! Essa resposta já seria um bom exemplo do que é ser o seu maior inimigo. Quando digo isso, quero dizer que você é o seu maior julgador e até o seu corpo não te ajuda. O corpo da pessoa em depressão não responde direito, mas quando se sai da depressão, o corpo te dá meios para atingir novos propósitos e caminhos. Portanto, lutar contra a depressão é agir contra si mesmo. É comer sem fome e, muitas vezes, ainda sentindo dores quando se come. É lutar contra seu próprio corpo que não quer levantar, contra a sua própria desesperança que nada vai mudar, contra a sua falta de vontade de fazer qualquer coisa. É lutar contra você mesmo até encontrar um lugar para fazer as pazes com você mesmo. Por isso, ressalto mais uma vez a importância de procurar terapia, de preferência com um psicanalista.

E COMO EU POSSO AJUDAR UMA PESSOA EM DEPRESSÃO?

Tento avisar a você
Mas todos me ignoram
Disse tudo alto e claro
Mas ninguém me escuta
Chamo você tão claramente
Mas você não quer me ouvir
Disse tudo alto e claro
Mas ninguém me escuta
(Nobody is listening – Linkin Park (2003), traduzido)

Como eu disse anteriormente, a primeira regra é não menosprezar o sofrimento da pessoa em depressão. A segunda é não achar que você sabe tudo sobre a vida dela. Dê o ouvido e não a boca. O maior erro que se pode cometer é confirmar para a pessoa em depressão que o que ela está sentindo é realmente verdadeiro. Ela sente que o problema dela não tem solução, que ninguém a entenderá. O erro é a gente falar que vai ouvir e não ouvir. Dou exemplos fora da psicologia para me fazer entender. Quando me casei, fui a alguns profissionais para fazer foto, vídeo etc. A fala era constante: tudo do jeito que você preferir. Mas no final, a oferta era sempre do pacote padrão estereotipado. Dizem estar ouvindo, sentem que estão ouvindo, mas não estão. Outro exemplo no campo da arquitetura. A casa será como você quiser – dizem. Aí no final, o projeto fica com a cara do arquiteto e não a sua. É uma falha de comunicação, seja porque não foi dito corretamente, seja porque não foi escutado corretamente. Portanto, o primeiro passo para ajudar uma pessoa em depressão é ouvi-la de verdade. Na depressão, existe uma dificuldade de entender o que está acontecendo e se comunicar. Se nós não nos esforçarmos para ouvir, não haverá comunicação. Então, repete comigo: escutar até poder ser escutado. Falar é uma forma de silenciamento quando é dito precipitadamente. De vez em quando esse é mesmo o objetivo inconsciente.

"Sai daqui com essa tristeza!". Sendo assim, não se esqueça de cuidar de você mesmo, senão quem entrará em depressão será você. O cuidado do outro começa pelo cuidado de si. Para que alguém em depressão consiga falar com você, primeiro você precisa garantir para ela e para si mesmo que você consegue ouvir. Afinal, lidar com a depressão do outro é lidar com a nossa própria depressão. Isso me leva à terceira regra: não dar o caminho das pedras e soluções genéricas. Isso quer dizer que você não sabe o que é melhor para o outro sem conversar muito com ele. Reconheça as suas limitações. Se a pessoa em depressão precisa reconhecer a dela, você também precisa reconhecer a sua. Lembre-se de que essa pessoa está em busca de algo verdadeiro para ela, não para você. Ela precisa de empatia. E empatia é ver no outro aquilo que não é seu.

Falei mais do que não fazer, né? Eu realmente penso que o mais importante é estar presente e não cometer erros graves. Uma das grandes questões da depressão é a solidão e quando se está por perto terão momentos de difícil interação, mas quando a porta se abrir, aquele dia no qual a pessoa está se sentindo um pouco melhor, você estará do lado dela para se conectar com ela. Mas se você está em busca de algo concreto para se fazer, ajude-a a cuidar do básico. O básico é fazer terapia, tomar os remédios quando for o caso, fazer exercícios físicos, comer, tomar banho, cuidados pessoais e, quem sabe, fazer aquilo que a pessoa sempre gostou.

Sobre pensamentos suicidas

Regra básica: sempre leve a sério. "Ah, mas a pessoa está tentando se matar para chamar atenção". Isso não importa. Se isso for verdade, essa pessoa ainda assim está em perigo. Ela pode acabar se matando no erro, por exemplo. Afinal, se matar não é uma coisa simples. Se uma pessoa está falando em suicídio, independentemente da situação, leve a sério. Isso porque se uma pessoa quer chamar atenção, ela pede a atenção. Se mesmo assim ela não consegue, ela grita, ela esperneia, ela chora, ela dança, ela faz qualquer coisa. Para uma pessoa tentar suicídio para chamar a atenção é porque a coisa é muito séria mesmo. Claro que podemos pensar em outros elementos da história, se ela tem acesso a formas de se matar, como morar no décimo quinto andar ou ter porte de armas, se ela faz planos ou se é um pensamento que ela diz que passou pela cabeça dela, mas que ela nunca faria.

Quando a pessoa diz que quer se matar, geralmente eu pergunto o porquê. Já ouvi que essa aproximação seria inadequada, pois se deveria sempre direcionar a pessoa a pensar na vida e não na morte. Bom, com base em tudo que está escrito neste livro, sigo meu questionamento do porquê. Acredito que não ir nesse caminho é confirmar para a pessoa que está tentando falar sobre seu sofrimento que deve se calar e juntar todos esses sentimentos ruins em uma caixinha e deixar lá. A gente sabe que isso não funciona. Então, sim, por que se matar? Por que antecipar a sua morte? A psicanálise já mostrou que ao falar, a pessoa se distancia de agir sem pensar. Contudo, de vez em quando, a história é tão complicada que parece fazer sentido se matar. A pessoa está em muito sofrimento, passou por situações irreversíveis complicadíssimas, está endividada, abandonada etc. Pode ser que ela veja o suicídio como uma retomada da autoria da própria vida. Por mais paradoxal que seja, a ideia é "Eu sou o dono da minha vida, né? Por isso eu vou acabar com ela, eu não vou deixar ninguém acabar com ela. Eu que vou. Me causaram tanto sofrimento e não vão causar mais". Por outro lado, o suicídio terá sempre um problema. Nunca será uma solução perfeita. Veja, esse caso que falei agora é cheio de furos. Como acabar com a própria vida é uma forma de retomar o controle da própria vida? Por isso, ao falar sobre suicídio, sempre haverá portas a serem exploradas no sentido de não se matar. Ora, o grande defeito do suicídio é acabar com todos os cenários possíveis de acontecer, os bons e os ruins. Por mais que o passado seja horripilante, o presente arrebatador e o futuro desesperançoso, de todos os cenários possíveis de acontecer, não há um que seja bom? Com certeza há. Então, se a pessoa está falando com você sobre suicídio ao invés de agir é porque ela vê algum erro nessa ideia. Ao ouvi-la, pode ser que fique claro, para ela e para você, onde está esse erro. O plano suicida é cheio de furos. Ninguém sabe ao certo para onde se vai depois da morte (ou se não vai a lugar algum), não se pode negar completamente que não há nenhum cenário futuro possível bom, há algo ou alguém na vida da pessoa em que é sofrido demais deixar para trás. Ainda assim, existem certos pensamentos que são bem perigosos no quesito de puxar a balança para o outro lado, como "as pessoas ficarão melhores sem mim". Esse é um pensamento perigoso, mas que, novamente, possui seus furos. O suicídio deixa marcas muito dolorosas na vida das pessoas, então não tem como ser verdadeiro que todas as pessoas ficarão melhores sem você. Mas Freud (1917/2006) já nos alertava que o suicídio poderia ser baseado no sentimento de raiva direcionada a outra pessoa. E aí deixar marcas dolorosas poderia ser um motivador para o suicídio.

Eu escrevi esse parágrafo com muitos "mas" e deixei ele assim para dar uma ideia de inconsistência. Suicídio não é e nunca tem como ser uma solução perfeitamente coerente. Sendo assim, conseguir ouvir alguém falar sobre isso é um enorme passo para conseguir pensar nas soluções dentro da vida para os problemas que estão levando essa pessoa a pensar em suicídio. O que não podemos fazer é transformar os pensamentos suicidas em um tabu, fazendo com que as pessoas que estão pensando nisso se isolem e não encontrem nenhum lugar para poder conversar sobre o que estão sentindo.

Sobre o tratamento

> *Aquilo que as pessoas têm horror é*
> *perder ao falar, quando escuta*
> *aquilo que dizem.*
> *(adaptado de Pierre Fédida – Depressão, 1999)*

Como eu critiquei os falsos profetas que vendem sucesso, nada mais coerente eu começar este capítulo pelos casos que falharam por terem sido interrompidos precocemente. A minha intenção é, desde já, ressaltar a importância de sair do ideal da terapia milagrosa (que é o lugar da depressão). É preciso entender que alimentar esperança em uma pessoa depressiva é algo que deve ser feito com cautela. Como já disse anteriormente, "Vai dar tudo certo" é uma frase complicada, pois sua aplicação deve ser condizente com a situação e a realidade. A expressão torna-se complicada quando é proferida sem considerar a narrativa da pessoa, especialmente se ela acabou de expressar preocupações e incertezas. Dizer isso antes de ouvir a história completa e compreender as razões por trás das preocupações pode parecer incoerente. "Nem tudo vai dar certo" soa como algo muito mais sensato, ou "estou torcendo para que as coisas se resolvam positivamente, mas estou aqui para apoiar caso isso não aconteça". A esperança é significativa, mas deve ser aplicada de maneira contextual e de uma forma que faça sentido com a experiência compartilhada. Vou explicar agora melhor o porquê.

A procura de ajuda

Cada pessoa que decide compartilhar suas questões com um analista[5] o faz de maneira única. A prática da clínica psicanalítica visa levar em conta essa singularidade de cada pessoa durante a análise, oferecendo o ambiente de escuta essencial para o tratamento do paciente. No entanto, surgem desafios nesse cenário, o que é que está sendo buscado na análise? O que o analista está sendo convidado a fazer?

Segundo Fédida, os pacientes depressivos expressam sua queixa da seguinte maneira:

> Buscam interação, porém expressam simultaneamente uma atitude desencorajadora, indicando que tal comunicação não serve para nada, estabelecendo assim a expectativa de que não se deve alimentar qualquer esperança (adaptado de Fédida, 2002, p. 22).

---

[5] Em psicanálise, chama-se o terapeuta de analista e a terapia de análise.

Os casos de Pedro e Carlos apresentados a seguir são claros exemplos dessa afirmação de Fédida acerca dos pacientes depressivos. Pedro exibia uma expressão desanimada, sem vitalidade, fixando o olhar constantemente no chão. Além disso, demonstrava desconforto por meio de movimentos repetitivos em suas pernas à medida que começava a falar. Em sua comunicação inicial, ao invés de abordar sua motivação para iniciar a análise ou compartilhar suas angústias, Pedro me deu uma aula sobre o conceito de *splitting*. Dizia ele que *o splitting* era *a coexistência de duas qualidades antagônicas, como o bem e o mal, o tudo e o nada, o 8 ou o 80, não havendo meio termo.*

Aquela aula me chamou a atenção. Ele não estava me testando, como em situações em que o paciente pergunta ou tenta verificar o conhecimento do analista sobre determinadas características ou especificidades de um diagnóstico. Ele não olhava no meu olho, não me convocava a participar da descrição desse conceito, uma vez que é um conceito da área da psicologia e eu sou psicólogo. Ele simplesmente dizia como se não houvesse um ouvinte ali. Não foi aleatoriamente que eu denominei aquela fala de aula. Foi essa a posição que ele me colocou naquele momento. Como uma aula clássica, em que o professor, detentor do conhecimento, falasse para um aluno. Ou seja, sua fala em forma de aula, sem me convidar a participar como em um diálogo, nem com o olhar, passava a impressão de que ele estava ali presente no ambiente físico da análise, mas eu não tinha nada para ajudá-lo. Seu conhecimento bastava e sua situação não iria mudar. Isso era uma certeza.

Um distanciamento parecia tomar conta da sessão. Tanto um distanciamento no vínculo que ele fazia comigo quanto um distanciamento em relação aos seus sentimentos. Toda fala era objetiva, racionalizada e os sentimentos relatados eram descritos de forma impessoal. Vínculos ou sentimentos eram descritos como algo meramente químico. Pedro se utilizava de termos como "taquicardia, sudorese, *splitting*" para tentar falar algo de si, quase como em terceira pessoa.

Tudo no final dá zero mesmo, no final todo mundo morre mesmo – dizia ele. A morte não se mostrava como algo distante para Pedro, pois afirmava não ter razão para viver. *Vivo por obrigação moral.* Assim, contentava-se com o nada. Abria mão das coisas boas da vida, pois *tudo que é bom terá sua contrapartida ruim.* Essa dualidade, na qual, para Pedro, a soma é sempre zero, sustentava um distanciamento dos vínculos, dos afetos, das sensações, da vida. Considerando que a terapia psicanalítica adiciona alguns números nessa equação, diversas faltas de Pedro às sessões fizeram-se presentes ao longo do início do processo analítico, culminando em seu término prematuro. Ao todo foram sete sessões, marcadas por faltas entre elas.

Outro caso interrompido prematuramente foi o de Carlos[6], que apesar de inicialmente ir às sessões, me colocava também em uma posição passiva frente ao seu sofrimento sem esperança. É certamente difícil, no lugar do analista, não entrar em uma disputa com o paciente nessa situação, pois há um abismo entre a expectativa de melhora do paciente e o lugar que o sujeito depressivo coloca o analista. Se não forem individualmente refinadas em sua própria análise as expectativas que ele tem, será o analista aquele que certamente vivenciará, acometido pelo seu desejo de curar, um sentimento de impotência. A batalha se configura da seguinte forma: de um lado, a autorrecriminação do paciente depressivo, como de forma ruminativa perpetua a atual crença na fatalidade da vida em todas as suas possibilidades, do outro, a angústia do desejo do analista, de possibilitar um espaço de transformação em direção a uma melhora da presente condição do paciente. O embate pode parecer inevitável.

Porém, logo o analista deve perceber que não há possibilidade de ganhar essa batalha. Não é para haver uma batalha na terapia! Eu quero te curar contra o que não acredita na cura. Para que não haja essa batalha, além de lidar com seu desejo de ajudar, "O psicoterapeuta não deve esperar a gratidão de seus pacientes" (Calligaris, 2008, p. 5). O que eu estou constantemente dizendo neste livro é que

---

[6] Já falei de Carlos na parte de "A autorrecriminação".

existem diversas formas de silenciamento e a pessoa em depressão é especialmente sensível a elas. Se você compra um ovo de Páscoa feito com leite de vaca para uma pessoa vegana, é uma forma de não reconhecimento da alteridade. Se você diz rezei muito a Deus para você ficar melhor para uma pessoa ateia, é a mesma coisa que nada ou quem sabe uma provocação. Se a pessoa te diz "eu sou burro" e você diz "você não é burro", é também uma forma de silenciamento, nada mais é do que não acolher, ou nem ao menos escutar, o sofrimento daquele que está tentando comunicar algo. Então é pra ficar parado e não fazer nada? Claro que não! O que eu estou dizendo é que os pacientes depressivos não são as pessoas que vão te fazer sentir um ótimo analista, amigo, pai, mãe enquanto estiverem depressivos. Você não vai usufruir dessa satisfação narcisista de ser uma pessoa idealizada aos olhos dessas pessoas (e às custas delas). O que é necessário que seja muito bem entendido é que se a pessoa em depressão está se sentindo menos isolada, isso é uma vitória. Se ela não está sentindo que ninguém entende o quanto ela sofre e sofreu, isso é uma vitória. Se essa pessoa sente que está sendo realmente ouvida e entendida, isso é uma vitória. Se você conseguir se fazer presente de alguma forma na vida dessa pessoa sem ser expulso, já é uma vitória. O que não pode acontecer é você servir simplesmente para ser um espelho vivo dessas pessoas. Fédida (1999) afirma que não há nada pior do que justamente um espelho vivo para a pessoa em depressão. Em outras palavras, não há nada pior para o depressivo do que encontrar o que está procurando (a confirmação de sua tragédia). Portanto, o objetivo inicial das primeiras tentativas de ajuda de uma pessoa depressiva é não ser excluído da vida delas e conseguir passar a seguinte mensagem: "existe alguém capaz de te ouvir, existe alguém capaz de te entender, você não está sozinho nessa". Então, o meu posicionamento nas poucas sessões que tive com Carlos e Pedro foi de escutar até poder ser escutado, na tentativa de criar um vínculo de confiança com eles.

Criação de um vínculo de confiança

Sem um vínculo de confiança, não há ajuda, não há análise. Figueiredo (2007) retoma autores como Balint, Winnicott e Green para retratar a importância desse vínculo de confiança e como confiar é entrar em um "estado de vulnerabilidade". Confiar é dar ao outro a possibilidade de falhar com você. Para pessoas com repetidas falhas imperdoáveis vivenciadas, confiar é muito difícil. Veja, a pessoa em depressão reluta em ter esperança por uma melhora da sua condição porque esse processo o colocará em um estado de vulnerabilidade. A condição desses sujeitos é "estavelmente mórbida", na medida em que buscam preservar o que foi perdido, perseverando a existência daquilo que lhes é tão importante. O fracasso é a maior certeza que esses sujeitos podem ter, mas, ainda assim, é uma certeza. Esse desafio ao tratamento analítico torna-o sinuoso. Mesmo com muito tato e sensibilidade por parte do analista, o processo analítico pode acabar logo após o seu início. Os casos de Carlos e Pedro são exemplos disso. No caso de Carlos, acredito que o vínculo de confiança não foi firmado e seu ataque à possível confiança visava preservar as coisas como estão. É a fórmula para que nada mude e não se tenha que lidar efetivamente com suas perdas. Já com Pedro a confiança foi instaurada de alguma forma. Ele me disse que já tinha ido a outros psicólogos e que somente comigo terapia estava o ajudando. Contudo, quando começava a se abrir para o processo analítico, comparecendo às sessões semanalmente, Pedro faltava diversas sessões. Depois de três faltas seguidas, Pedro veio à sessão e me falou sobre seu estado de vulnerabilidade. Disse que não gostaria de chorar na frente de um homem, nem de qualquer pessoa. Não queria mostrar suas fragilidades, porque elas são a entrada para uma frustração. Mostrar fragilidades é jogar-se ao encontro do outro e, na vivência de Pedro, um outro que não é estável suficientemente para lhe suportar. Se entregar à terapia é dar chance para ela falhar e é isso que a pessoa em depressão evita o tempo todo. Diferentemente de Pedro e Carlos, os casos de Antônia e Rafaela dos quais eu relatei alguns momentos ao longo deste livro não se encerraram precocemente. Foi firmado um vínculo de confiança. E aí nasce um novo desafio. Se o vínculo de confiança foi bem firmado, mas ainda estou insatisfeito(a) com a situação, qual a conclusão a que se pode chegar? Se o problema não é a terapia, nem o terapeuta, quem é o problemático? Nesse caso, a desconfiança no outro se desloca para a própria pessoa. Essa pessoa passa a se sentir responsável pela incapacidade de conquistar a atenção e as boas graças do ambiente, culpando-se pelo fato de que suas experiências pessoais falharam e continuam falhando. Novamente, muitos processos analíticos podem ser aqui interrompidos, deixando o sujeito à mercê de ansiedades extremamente dolorosas (Figueiredo, 2007, p. 75).

Os casos de Antônia e Rafaela, que venho contando ao longo do livro, evidenciam esse segundo momento de resistência. A base dessa resistência é uma conhecida da depressão: a idealização. Trata-se agora do ideal mágico da terapia. Diferentemente do que vimos com Carlos e Pedro, em que a terapia também assumia uma conotação idealizada, embora em seu sentido oposto – de que nada poderia fazer – era de se esperar que em algum momento Antônia iria reclamar da análise, porque até a análise é idealizada e, assim, um dos lutos fundamentais do tratamento da depressão é o da própria análise! Durante a análise, mesmo dizendo que estava se sentindo muito bem devido à terapia, pouco tempo depois, Antônia se queixou que sua vida nunca iria mudar e que nunca iria encontrar um parceiro. *Quanto tempo estou em terapia e não muda?* – me perguntou ela. Assim, se o analista assume o lugar de ideal para seu analisando, ele está direcionando-o a sentir-se mal por não satisfazer o desejo de melhora que é projetado nele mesmo. Por outro lado, se o analista transmite a mensagem de "eu não posso ser o que você espera que eu seja", abre-se a porta para o luto desse ideal. Embora, nos pacientes depressivos uma resistência a esse luto se apresente por um processo que se desenvolve desta forma: você não responde a minha demanda de fazer o que eu peço; me frustro com você; vejo que a terapia não é mágica como pensava;

eu estou fazendo terapia; eu não faço terapia direito; eu não sou boa nem na terapia.

O mesmo aconteceu com Rafaela. Diversas vezes ela me contou que pensava que *terapia não servia para ela, pois alguns pacientes não tinham tratamento.* Também me dizia que *eu devia ficar de "saco cheio" dela, pois deve ser muito chato ouvir ela falar e sempre repetir as mesmas histórias.* Confesso que por vezes me senti assim. O trecho a seguir de Green (1988, p. 257) ilustra perfeitamente meu sentimento: muitas vezes o analista diz a si mesmo: "Desta vez foi, ela está morta, e ele (ou ela) vai enfim poder viver e eu respirar um pouco".

Mas aí vem um gatilho que aparece na relação da terapia ou na vida da pessoa e dá vida novamente aos traumas. O que precisamos entender é que os traumas são como uma hidra com mil cabeças de quem sempre pensamos ter cortado o pescoço. Só havíamos atingido uma de suas cabeças. Onde é que está o pescoço da besta? Por isso é tão importante não cair nas armadilhas da depressão, o que quer dizer não reproduzir os traumas do passado. Não abandonar, não ser intolerante, não exigir performance sem dar suporte, não ter expectativas irrealistas, não fazer falsas promessas, não querer ser o herói perfeito salvador da pátria. Essas resistências que acabei de mencionar devem ser interpretadas como um medo, um receio de percorrer caminhos novos e perder a velha conhecida e mórbida rota. Assim, é importantíssimo dar suporte para o desenvolvimento de ferramentas para que a pessoa possa trilhar esse novo caminho e encontrar algo no presente em sua vida para chamar de verdadeiro. Para atravessar uma estrada tão nebulosa não é necessário somente coragem, mas segurança, apoio. Senão é imprudente, suicida. Sair da prisão da depressão envolve necessariamente criar ou reforçar os portos seguros. Caso contrário, voltamos à história do passarinho na gaiola. Sem segurança lá fora, melhor ficar lá dentro. Na ausência dos portos seguros, sobram somente as gaiolas. Precisamos, portanto, desenvolver essas ferramentas que estamos chamando de portos seguros.

O primeiro passo para isso é estabelecer um bom vínculo de confiança. É com ele e a partir dele que vamos trabalhar juntos para desenvolver ferramentas, que são providenciar condições para que o luto ocorra. Isso quer dizer identificar onde está o vínculo da pessoa em depressão, dar suporte, tempo, estar presente e, finalmente, estar ausente. Relembro que o luto é o que possibilita a criação de uma ligação positiva com o que foi perdido. Permite que o perdido seja revisitado, relembrado, resgatado por meio de imagens, ideias, conversas etc. O que foi perdido ganha uma ligação que o nutre e o deixa vivo, diminuindo a necessidade de manter o esforço depressivo de ser a última linha de defesa do que foi perdido diante do completo esquecimento. O novo pode coexistir com o velho. Abre-se uma nova posição. Deixam de ser concorrentes como se a existência de um fosse aniquilar a existência do outro.

A questão fundamental é: como fazer alguém passar por um processo extremamente doloroso? Para exemplificar, vou trazer agora uma parte da história de Antônia[7] que venho contando ao longo deste livro. Trago justamente enfocando o momento de mudança.

Antônia: a perda do que nunca se teve

Antônia nutria sentimentos de rejeição por parte do pai e também por parte da mãe. Teve experiências de rejeição na escola e sofreu *bullying*. Sentia-se culpada por tudo que aconteceu com ela – *Se tudo acontece por um motivo, eu só posso ser uma pessoa horrível*. Contudo, quando Antônia permitiu-se revisitar a experiência traumática do *bullying* e da rejeição pelo pai, abriu-se o caminho para a elaboração de sua condição. *Nada tem que fazer sentido por si só, aconteceu e pronto. Eu não seria eu se não tivesse acontecido –* me disse ela. A partir desse dia, ela passou a se movimentar em direção a algo, antes encontrava-se parada, chegando a dizer que passou dois anos *sem fazer nada*. Passou a dizer não para as pes-

---

[7] O estudo de caso de Antônia e de Rafaela pode ser encontrado de forma mais completa na minha tese de doutorado intitulada "A (im)possível perda do objeto perdido: o negativo entre a depressão e a depressividade", disponível no link http://repositorio.unb.br/handle/10482/34347.

soas, principalmente ex-namorados. Contou que um deles a via de forma idealizada e estava sempre presente para ajudá-la, mas ela não queria mais isso: *ser a coitada que deve ser salva pelo seu príncipe encantado.* Disse que essa posição carregava um preço muito grande de sempre ter que ser aquilo que esperam dela. Essa mudança de comportamento foi tão significativa que Antônia até se estranhou. *Será que eu tô doida? Acho que não estou querendo namorar.*

Não querer um namorado era algo muito novo para Antônia. Não era exatamente ter um namorado ou não, mas a possibilidade de não ter um namorado e isso ser algo próximo de seu desejo que a espantava. Enxergar que essa meta tinha sido estabelecida por um desejo que não era seu era estranho para ela, pois namorar, casar, sempre tinham sido seus objetivos. Um ideal foi se esvaindo para dar lugar ao desejo. E esse ideal só pôde ser colocado em xeque quando outro ideal foi contestado: o ideal de perfeição das outras pessoas.

Por exemplo, sua irmã sempre foi vista por Antônia como a detentora de um casamento perfeito e do amor de seus pais. *Eu tinha que ser igual a minha irmã para a minha mãe me amar.* Antônia ia além, *sou tímida, não sou a minha irmã. Não tenho essa coisa, atraente. Sou menos que a minha irmã.* Sua baixa autoestima passava pela idealização das outras pessoas, e, assim, ela se via como alguém pior do que a irmã. Veja, ela tinha uma qualidade de não ser o que a irmã era. Lembra-se da Carla do vídeo do Porta dos Fundos? Ana Beatriz tinha qualidade de não ser o que a Carla era. O mesmo acontecia aqui. *Você sente que não é. Não sabe o que não é. Só sabe que não é* – me dizia ela. Essas falas de Antônia evidenciaram o lugar que ela ocupava na sua relação com as outras pessoas. Antônia tentava dizer em palavras um sentimento de não pertencimento, que podemos traduzir por "só sei que nada sou aos olhos das outras pessoas".

Contudo, a perfeição do casamento da irmã transformou-se em ruínas quando essa irmã descreveu para Antônia a sua infelicidade. Do quanto havia renunciado para ser a esposa que se esperava dela, tornando-se submissa e anulada em seus desejos e aspirações. O marido que fazia tudo para ela, comprava tudo para ela, na verdade, cobrava um preço muito caro por seu comportamento. Nessa conversa, a irmã de Antônia contou que sentia inveja dela, principalmente por ser solteira e não ter que responder a todo momento ao ideal de esposa perfeita. Essa fala de sua irmã a qualificou positivamente de maneira significativa. Antônia pôde enfim perceber que era algo aos olhos dos outros. Portanto, a transformação passou de uma idealização da irmã como sendo o que ela não era, para dar lugar a uma nova resolução: ela também era o que a irmã não era. *Na verdade, [eu e minha irmã] somos diferentes* – me disse.

Nesse momento, Antônia decidiu encerrar a terapia, estava se sentindo muito bem. Contudo, voltou um ano depois. A hidra possui mesmo várias cabeças. Sua motivação principal agora residia em sua compulsão alimentar e por entender que sua família a maltratava por ser gorda, queixando-se de uma fala da mãe – *você está ainda mais feia nessa roupa por ser gorda.* Dizia que comia *sem fome, para preencher algo.* Para ela, era *questão de honra conseguir emagrecer. Quero emagrecer. Tenho que emagrecer. Todas as outras pessoas conseguem fazer a dieta e eu não* – me disse. Olha aí nessa fala o que Freud (1930/2006) dizia sobre a pressão social. Nesse caso, uma pressão estética de um ideal de mulher magra junto da visão de que as outras pessoas conseguem seguir essa exigência, mas ela não. Junta isso com uma idealização de um passado no qual era magra e pronto, temos a receita da depressão: você não é o que já foi e também não é o que as outras pessoas são. Nas palavras de Antônia: *você é o que você não é.*

Esse momento marca uma recaída depressiva de Antônia. Ela dizia: *Estou só passando, nada que faço dá certo* e *nada faz sentido, nada tem gosto.* Lembra o que eu disse sobre o tudo e nada? Nada só adquire essa qualidade de ser nada caso se oponha a algo que é tudo. Para Antônia, o tudo nesse momento era a fantasia de namorar e criar uma família com uma pessoa que estava se relacionando, mas que teve uma frustração: ele era feliz com outra pessoa. Toda sua energia estava naquilo que havia perdido, impedindo seu investimento em qualquer substituto. O vazio derivado dessa relação ocupava todo o espaço e não deixava mais nada ocupar seu lugar. Esse era a Carla de Antônia. Restava a ela tentar preencher o vazio com a comida, com trabalho e com outros relacionamentos. Porém, todas as tentativas falhavam, embora dessem um alívio momentâneo.

> *Quando eu me sinto preenchida, fico bem. Quando eu não me sinto preenchida, eu fico mal. Eu sempre precisava ficar bem ocupada, senão ficava bem deprimida. [...] Eu me estressei e aí eu comi. Um pão ruim. Não um pão bom de padaria. Mas um pão ruim. O que que tem de bom em um pão ruim? Ele me desestressa. É um escape.*

Contudo, Antônia diz que quer retomar sua vida, ir em direção a algo que faça sentido. Ela sabe que sua solução é falha e momentânea: *Eu não posso ficar engolindo as coisas.* Entretanto, ela não queria ir na direção do futuro e sim do passado. Do passado no qual havia um homem que na sua fantasia não tinha outra pessoa em sua vida, ou, nas palavras de Antônia, *achava que eles não tinham uma boa relação.* Quando Antônia reconheceu o que estava tentando preservar, ela pôde, enfim, entender o que tinha perdido. Até então, ela nem sabia o que tinha perdido, uma vez que concretamente nada havia sido encerrado. O homem com quem estava se relacionando fisicamente ainda estava a um telefonema de distância. O que tinha mudado era a forma como ela via esse homem. O homem que ela gostava havia morrido, restando aquele com quem ela não conseguia se vincular.

Na sessão seguinte, ela me informou que havia encerrado o relacionamento. *Se não for para ser verdadeiro, que não seja.* Contou que chorou muito, mas foi um choro diferente. Enquanto o choro nas sessões muitas vezes era acompanhado pelo desconhecimento do motivo pelo qual estava chorando, sendo um choro que escorria do rosto sem uma representação clara, esse choro era um choro de um luto. Falar na terapia dessa perda a fez ver como ela se relacionava com o que não estava presente. *Eu nunca tô feliz no momento que eu tô vivendo. Quando quero algo e consigo, perde a graça. Quando lembro, aquela plenitude, estar satisfeita, realizada, nunca é igual ao presente. Existe dois eus, o eu projetista e o eu real.* Essa fala de Antônia exemplifica muito bem a prisão na qual vive a pessoa em depressão. Como ela se relaciona com o ideal, qualquer passo em direção à realização é um passo em direção a uma perda. Essa "plenitude" da qual Antônia fala só existe na não realização. *Me sinto frustrada por não conseguir meus sonhos infantis. Casar, sair de casa. A realidade não é como a gente planejou.*

No caso de Antônia, sair de casa e ir morar sozinha é destruir o ideal de seus sonhos infantis. E comparado a eles, a realidade não é nada. Somente quando Antônia conseguiu enlutar-se por tudo aquilo que nunca viveu, ela conseguiu ir em direção a uma alternativa: *Mesmo não sendo meu ideal, acho que vou sair de casa.*

Eu gosto dessa fala de Antônia porque exemplifica o que venho tentando dizer ao longo deste livro. Se a gente a inverte, podemos entender o mecanismo da depressão: não vou sair de casa, porque não é o meu ideal. Portanto, se movimentar na vida é necessariamente abandonar "os sonhos de perfeição pessoal, a onipotência, os amores ideais, os devaneios em que tudo parece absoluto, grande, grandioso. Os ídolos e os ideais precisam morrer e renascer modificados" (Cintra & Figueiredo, 2010, p. 92). Quer dizer abandonar completamente? Não. É uma adaptação. Uma passagem dos ideais absolutos para os ideais que podem ser realizados.

> Passagem do "tudo", do "máximo", para "alguma coisa"; do "sempre", do "já", do "neste mesmo instante", para o "daqui a pouco"; do "eterno", para aquilo que seja bom, que chegue a ser "infinito (mas)... Enquanto dure"
> (Cintra & Figueiredo, 2010, p. 92)

Estou em processo de luto – me dizia ela na sessão seguinte. *Como está?* – Perguntei-lhe.

> *Horrível. Às vezes eu choro do nada. É legal, mas aí mesmo tempo é uma dor. Não era assim que eu queria. Desde criança eu já imaginava filhos. É uma coisa tão antiga. Chegou a hora de encarar a realidade. Não queria, bem, mas vim para a terapia. Venho porque eu quero fechar os processos.*
> **Me vejo sozinha de novo.**
> *Quando criança eu tinha esse projeto, essa fantasia. De não estar sozinha. Encontrar o amor da minha vida, ter meus filhos.*
> **A solidão me fez entrar em depressão.**
> *Até aos 26 anos foi tudo mágico. Descobri que podia namorar. Porém, a perda foi toda junta. Trabalho, namoro, amigos. Namorado para mim era perfeito. Entrei no hospital que eu queria. Do nada, foi um atrás do outro, perdi. Começou com a demissão.*
> **É ruim isso. Parece uma morte.**
> *Não tem como ser como era antes. O novo não é a mesma coisa. Eu não me mexo, eu não saio do lugar. Eu tenho tantas pessoas, tantas oportunidades. Mas não é a mesma coisa.*
> **A igreja morreu. A igreja como era antes.**
> *Parece que eu vou explodir, tô com medo de continuar falando, eu não quero mais falar disso, eu não consigo mais não.*

Veja, tem tanta coisa para se pensar a partir dessas falas de Antônia. Seu medo ao atravessar o processo de luto na terapia. A morte do que se foi ou se transformou. O velho dando lugar ao novo. A sensação de estar voltando para o lugar onde tudo começou. Realmente a solidão foi a entrada e a saída da depressão dela, assim como a tristeza é a entrada e a saída da depressão. Só que são solidões diferentes. São tristezas diferentes. Uma é a do vazio absoluto. A outra é a da ausência. Uma ausência que atua como força impulsionadora da presença. Ausência no lugar de uma presença potencial é quando você não precisa que o seu amigo esteja ali para você saber que pode contar com ele. É quando você não precisa de um elogio para saber que está radiante. É quando você não precisa se ver em um carro de luxo para se sentir poderoso. É quando você ama sua filha mesmo ela não estando presente. É quando algo deixou uma marca tão forte que não precisa ser alimentada, pois não corre o risco de apagar. Tampouco é uma marca que ocupa o lugar de outras. É uma marca que te abre. Te faz caber mais. Ausência como presença potencial é o que dá a tolerância. É o respiro da urgência. É o recurso para escolher. É a pré-condição para a liberdade e para a realização.

Dessa forma, foi nesse momento novo de uma solidão nova que Antônia finalmente se viu capaz de lidar com essa solidão de uma forma diferente. Se antes a solidão era se recolher para ficar ao lado daquilo que só existia na sua cabeça, agora a solidão era de sentir que está faltando algo em sua vida. Algo que agora poderia ser buscado, pois não existe somente no passado. Um movimento de desejo e de capacidade de experimentar se despertou em Antônia. Ela passou a falar sobre o seu desejo de viajar e realizou uma viagem com uma amiga. Seu trabalho passou a ter qualidades positivas: por trabalhar na UTI, cada dia era diferente do outro.

> *Estou deixando de viver a expectativa do futuro ideal. Eu sempre vivi no futuro e não no presente. Estou tentando viver no presente. Eu quero viver. Eu tava indo. Não quer dizer que não tá doendo, estar sozinha está doendo. Não é legal. É uma mistura de **caramba que legal e que droga.***

Essa última frase representa exatamente o que é o processo de luto do ideal. *Caramba que legal e que droga* é o adjetivo correspondente à realidade imperfeita. Há uma parte boa e uma contraparte ruim em tudo que não é ideal. Algumas são melhores ou piores do que outras, mas sem se referir a algo ideal, a vivência com a realidade não se dá na plenitude da perfeição. Nessa fala, Antônia estava se referindo ao fato de comprar um apartamento de um quarto. Comprar um apartamento de um quarto é também não comprar um apartamento de dois quartos para os filhos e marido que seria correspondente ao seu ideal representante de seu sonho infantil.

Estou pronta, – me disse ela – *consegui aceitar que não existe essa coisa mais. Eu não vou esperar a magia acontecer para viver. Eu vou viver.* Me disse também que quando parou a análise pela primeira vez, pensou que nunca mais ia voltar. Contudo, agora gostaria de encerrar, mas que a análise não terminou, nem nunca irá terminar. *Seria muito de bom voltar, voltaria tranquilamente* – me diz Antônia. Essa fala me fez pensar sobre como a própria terapia e seu fim eram idealizados e hoje não são mais. O discurso de Antônia saiu do absoluto, *meu sofrimento era o maior do mundo,* para algo relativo e imperfeito, *caramba que legal e que droga.* Quando a "mágica" se desvaneceu é que pôde haver a restauração do movimento de desejar e de experimentar. *Me sinto preparada para as mudanças!* – Foi a mensagem que me enviou antes de marcarmos a nossa última sessão.

Tudo isso só foi possível porque existem ferramentas terapêuticas para ajudar principalmente o paciente, mas também o analista, nesse doloroso processo que é o processo de luto. No caso da Antônia, foram vários lutos durante a sua análise. O luto da terapia milagrosa; o luto da igreja; o luto do lugar de filha preferida; o luto das amizades e, principalmente, o luto de seus sonhos infantis. Por isso, denominei a história de Antônia como a perda do que nunca se teve, enfatizando que o luto não é somente daquilo que veio e se foi.

Para que Antônia aguentasse percorrer esse longo caminho, o que segurou as pontas foi o que chamamos de enquadre. O enquadre é aquilo que fica estável quando as dores do passado são relembradas no presente da terapia e tudo parece que vai desmoronar. É ele que vai permitir dar tempo e sentido ao que não os teve e criar uma relação de confiança para, assim, transpor a falta do estabelecimento de uma relação de confiança nas experiências passadas. Portanto, o enquadre da análise desempenha o papel de suporte fundamental no tratamento, sendo composto pela regularidade temporal (sessões regulares e de duração fixa), estabilidade do ambiente e de seu cenário (mobília, disposição dos objetos etc.), além da aparência física do analista (Fédida, 1999). O que denominamos como enquadre da análise consiste em uma série de referências espaço-temporais, todas essenciais para proporcionar estabilidade ao processo terapêutico. Elas têm a função de tornar o lugar da análise um ambiente não intrusivo, não persecutório, permitindo espaço e o tempo necessário para tocarmos em assuntos delicados. No caso dos pacientes depressivos, estamos falando de lhes providenciar aquilo que lhes falta: espaço e tempo. E com isso, recuperar a capacidade de confiar e ter esperança para, ultimamente, chegar ao desenvolvimento de um "porto seguro interno firme e flexível" que direciona a pessoa à capacidade de transitar sem se sentir abandonado e vazio. Ser capaz de entregar-se de forma não suspeitosa, não tão vulnerável, poder sair da gaiola e não se sentir tão ameaçado (Figueiredo, 2007).

Agora, para que isso aconteça, é necessário a cereja do bolo, que é o jogo de ausência e presença da análise. Veja, tal como um bebê exige uma maior presença da mãe em seus primeiros meses de vida, o analista é mais necessário em sua presença positiva face a face para os depressivos nos momentos iniciais da análise. O lugar que ocupei inicialmente para Antônia tinha uma função de um olhar e, principalmente, de uma escuta que dava voz a ela no sentido de qualificar a sua fala. Sobre essa escuta na terapia psicanalítica, gosto de trazer este trecho escrito por Luiz Claudio Figueiredo que parece uma poesia:

> Daí, talvez, a precedência de escuta sobre o olhar quando se trata de metaforizar a experiência clínica na originalidade de sua ética: o olhar sugere a soberania e o distanciamento de quem vê e ao ver se apodera do que é visto, enquanto a escuta coloca o que ouve numa posição mais próxima, passiva, padecente. É mais fácil dirigir o olhar que a escuta; é mais fácil abrir e fechar os olhos que os ouvidos. Os olhos pedem luz para funcionar, os ouvidos funcionam melhor no silêncio. Os olhos se lançam sobre o mundo iluminado à procura,

enquanto os ouvidos esperam silenciosamente (Figueiredo, 1996, p. 167).

Bonito, né? Basta estar presente para ouvir, mas para ver é necessário ativamente direcionar o olhar. Ouvir é passivo e olhar é ativo. Porém, mesmo que o "olho no olho" sempre pareceu importante para Antônia nas nossas sessões, quando ela resgatava memórias muito carregadas de afeto ou falava sobre um assunto delicado, seu olhar divagava. O meu olhar quando ela falava desses assuntos fazia um papel contrário, ao invés de qualificar sua fala, a podava. Aos poucos, Antônia claramente foi demandando menos minha presença positiva, clamando menos pelo meu olhar ou a minha fala sinalizadora de minha escuta. Em outras palavras, Antônia estava preparada para a minha tão importante ausência. Esse acesso a essa posição que não clama tanto pela minha presença foi sendo construído gradualmente, com cuidado para não trazer gatilhos de abandono.

Se eu falei que o bebê demanda uma maior presença da mãe em seus primeiros meses de vida, o que acontece com uma criança que está o tempo todo colada nessa mãe (ou em outra pessoa)? Não desenvolve. O mesmo acontece na terapia. Para que Antônia pudesse se tornar algo, eu, como analista, precisei deixar de ser. Caso eu ocupasse o lugar que ela deveria ocupar, ela nunca poderia aceder a esse lugar. Onde não há lacuna, não há ausência para ser preenchida com criatividade e desejo. Resta somente a ameaça do nada que restou dessa interação de dependência. Por outro lado, respeitando o "intervalo necessário entre dois corpos para a fala e sua escuta", emerge a possibilidade de nascer algo novo. Fédida (1999) utiliza uma metáfora interessante ao atribuir a esse lugar o espaço para germinação do analisando. Uma planta precisa de água para germinar, mas tanto a falta de água quanto a água em excesso podem matar a planta. Ela também pode morrer caso seu espaço para crescer seja ocupado por outra planta. Ou ainda – fugindo da biologia, mas mantendo a coerência da metáfora psicológica – transformar-se em uma trepadeira que só sobrevive a partir de outra planta. Nessa metáfora, essa outra planta é o analista e o enquadre é o vaso ocupado por elas. Portanto, para que a planta germine, o analista precisa se fazer presente, mas fundamentalmente precisa também se fazer ausente. Dar espaço para a emergência de um porto seguro que não seja ele. É imprescindível para o processo terapêutico dos pacientes depressivos que o analista não ocupe o lugar idealizado que é projetado sobre ele. Indo mais além do que ser o "detentor do suposto saber" e deixar de ocupar essa posição, o analista precisa ser suficientemente bom para não correr o risco de ser visto como perfeito.

Na minha opinião, quem melhor sintetizou o lugar do analista na análise foi a Rafaela.

Ela fez uma metáfora comparando o aprendizado de andar de bicicleta com a terapia, exemplificando perfeitamente a função do analista de deixar-se esquecer para ser internalizado e dar lugar a um porto seguro interno que aumenta a capacidade de se tolerar as dificuldades, as privações e as frustrações. Segundo Rafaela, o analista ajuda o paciente a andar, estando presente, segurando-o, e dando suporte. Depois entra em outro momento, em que é desfeito o contato físico, e o paciente começa a andar sozinho. Contudo, ele ainda não olhou para trás e acha que o analista o está segurando. Depois de um tempo, ele olha para trás e vê que o analista não está mais lá e, nesse momento, ele já está andando sozinho de bicicleta.

É dessa forma que os instrumentos analíticos permitem ultrapassar a desconfiança inicial dos sujeitos depressivos na figura do analista para estabelecer uma relação de confiança e, ultimamente, romper a relação sem ser um abandono. *O que o Gregório diria?* – me contou Rafaela sobre um pensamento seu nas últimas sessões que teve comigo. Esse é o lugar construído a partir da presença e depois da ausência do analista, deixando um traço, uma marca, um porto seguro. Um analista que deixou-se esquecer para deixar de ser essencial.

É isso.

Espero ter ajudado.

REFERÊNCIAS

American Psychiatric Association. (2013). *Manual Diagnóstico e Estatístico de Transtornos Mentais: DSM-V* (5a ed.). Porto Alegre: Artmed.

Baére, F. D., & Zanello, V. (2020). Suicídio e masculinidades: uma análise por meio do gênero e das sexualidades. *Psicologia em estudo, 25*, e44147.

Baére, F., & Zanello, V. (2018). O gênero no comportamento suicida: Uma leitura epidemiológica dos dados do Distrito Federal. *Estudos de Psicologia* (Natal), *23*(2), 168-178. https://dx.doi.org/10.22491/1678-4669.20180017

Berlinck, M. T., & Fédida, P. (2000). A clínica da depressão: questões atuais. *Revista Latinoamericana de psicopatologia fundamental, 3*(2), 9-25.

Candi, T. (2010). *O duplo limite: o aparelho psíquico de André Green*. São Paulo: Editora Escuta.

Charles, S., & Lipovetsky, G. (2004). *Os tempos hipermodernos*. São Paulo: Barcarolla.

Cintra, E. M. U., & de Figueiredo, L. C. M. (2010). *Melanie Klein: estilo e pensamento*. São Paulo: Editora Escuta.

Dunker (2009). O urso-polar e as baleias. As divergências entre a psicanálise e a psiquiatria estão mal focadas. *Revista Cult*, ano XII, (140), p. 59-62.

Fédida, P. (1999). *Depressão*. São Paulo: Escuta.

Fédida, P. (2002). *Dos benefícios da depressão: elogio da psicoterapia*. São Paulo: Escuta.

Figueiredo, L. C. (1996). *Revisitando as psicologias: Da epistemologia à ética das práticas e discursos psicológicos*. Petrópolis: Vozes.

Figueiredo, L. C. (2007). Confiança: a experiência de confiar na clínica psicanalítica e no plano da cultura. *Revista Brasileira de Psicanálise, 41*(3), 69-87.

Figueiredo, L. C., & Minerbo, M. (2006). Pesquisa em psicanálise: algumas ideias e um exemplo. *Jornal de Psicanálise, 39*(70), 257-278.

Freud, S. (2006). A negativa. In *Edição Standard Brasileira das Obras Psicológicas Completas de Sigmund Freud* (Volume XIX). Rio de Janeiro: Imago. (Original Publicado em 1925).

Freud, S. (2006). Carta 69. Extratos dos documentos dirigidos a Fliess. In *Edição Standard Brasileira das Obras Psicológicas Completas de Sigmund Freud* (Volume I). Rio de Janeiro: Imago. (Original Publicado em 1897).

Freud, S. (2006). Luto e Melancolia. In *Edição Standard Brasileira das Obras Psicológicas Completas de Sigmund Freud* (Volume XIV). Rio de Janeiro: Imago. (Original Publicado em 1917).

Freud, S. (2006). O Mal-estar na civilização. In *Edição Standard Brasileira das Obras Psicológicas Completas de Sigmund Freud* (Volume XXI). Rio de Janeiro: Imago. (Original Publicado em 1930).

Freud, S. (2006). Sobre a transitoriedade. In *Edição Standard Brasileira das Obras Psicológicas Completas de Sigmund Freud* (Volume XIV). Rio de Janeiro: Imago. (Original Publicado em 1915).

Green, A. (1988). *Narcisismo de vida, narcisismo de morte*. São Paulo: Editora Escuta.

Green, A. (2010). *O trabalho do negativo*. Porto Alegre: Artmed.

Gregório, G. D., & Amparo, D. M. (2022). A pesquisa Psicanalítica na Universidade: Estratégias Metodológicas de Investigação. *Psicologia: Teoria e Pesquisa, 38*, e38414. https://doi.org/10.1590/0102.3772e38414.pt

Gregório, G. D. S. (2018). A (im)possível perda do objeto perdido: o negativo entre a depressão e a depressividade.

Guimarães, M. C. (2022). *O enciumar(-se) em homens e mulheres: uma leitura clínica sob a perspectiva de gênero* (Tese de doutorado). Universidade de Brasília.

Hefner, A. (2019). *Depression Explained Perfectly By Chester Bennington* (A Message For Everyone) [Vídeo]. YouTube. Recuperado de https://www.youtube.com/watch?v=MBnh8yMDxxs

Kehl, M. R. (2009). *O tempo e o cão: a atualidade das depressões.* São Paulo: Boitempo.

Kübler-Ross, E. (1996). *Sobre a morte e o morrer.* São Paulo: Martins Fontes.

Lima, R. C. (2005). *Somos todos desatentos? O TDA/H e a construção de bioidentidades.* Rio de Janeiro: Relume Dumará.

Linkin Park. (2003). *Nobody's Listening.* Em *Meteora.* Warner Bros. Records.

Martins, F. (2003). *Psicopatologia II – semiologia clínica: Investigação teórico-clínica das síndromes psicopatológicas clássicas.* Brasília: ABRAFIPP/ Laboratório de Psicanálise e Psicopatologia, UnB.

Ministério da Saúde, Secretaria de Vigilância em Saúde. (2021). Mortalidade por suicídio e notificações de lesões autoprovocadas no Brasil. *Boletim Epidemiológico, 52*(33). Recuperado de https://www.gov.br/saude/pt-br/assuntos/saude-de-a-a-z/s/suicidio/publicacoes-e-documentos

Moreira, J. O. (2008). Da melancolia dos dias cinzentos à depressão das noites sem fim. *Arquivos Brasileiros de Psicologia, 60*(3), 32-39.

Pellegrini, C. P. V. (2009). O mal-estar na Civilização hoje. In J. Nazar (Eds.), *As novas doenças da alma* (pp. 101-110). Rio de Janeiro: Cia de Freud.

Pinheiro, M. T. D. S., Quintella, R. R., & Verztman, J. S. (2010). Distinção teórico clínica entre depressão, luto e melancolia. *Psicologia Clínica, 22*(2), 147-168.

Pinheiro, T. (2005). Depressão na contemporaneidade. *Pulsional: Revista de Psicanálise. Clínica Social, XVIII*(182), 101-109.

Revista Exame (2015). *Cientistas descobrem remédio que "cura" depressão em um dia.* Recuperado de https://exame.abril.com.br/ciencia/cientistas-descobrem-remedio-que-cura-depressao-em-um-dia/

Solomon, A. (2014). *O demônio do meio-dia: uma anatomia da depressão.* São Paulo: Companhia das Letras.

Tiff Originals (2018). *Jim Carrey | Characters, Comedy, and Existence* | TIFF Long Take [Vídeo]. YouTube. Recuperado de https://www.youtube.com/watch?v=LMnrH1CN4oc

TV Cultura. (2021). *Linhas Cruzadas | Os melhores sempre vencem? | 30/09/2021* [Vídeo]. YouTube. https://www.youtube.com/watch?v=Tqe4lWoVj4c

Verdon, B. (2012). A depressão. In F. Marty (Eds.), *Os grandes conceitos da Psicologia Clínica* (pp. 251-266). São Paulo: Edições Loyola.

Winnicott, D. W. (1975). *O brincar e a realidade*. Rio de Janeiro: Imago.

World Health Organization (2021). *Suicide worldwide in 2019: Global Health Estimates*. Recuperado de https://apps.who.int/iris/handle/10665/341726

Zanello, V. (2014). A saúde mental sob o viés de gênero: Uma releitura gendrada da epistemologia, da semiologia e da interpretação diagnóstica em saúde mental. In V. Zanello, *Saúde mental e gênero* (pp. 41-58). Curitiba: Appris.

Zanello, V. (2018). *Saúde mental, gênero e dispositivos: cultura e processos de subjetivação*. Curitiba: Appris.

Zanello, V., & Silva, M. G. da. (2012). Saúde mental, gênero e violência estrutural. *Bioética, 22*(2).